PARIS-DAMAS
LIAISONS MORTELLES

50 ANS DE COUPS TORDUS ENTRE LA FRANCE ET LE CLAN ASSAD

Scénario : Jean-Claude Bartoll
Dessin : Nicolas Otéro
Couleur : 1ver2anes

DELCOURT / ENCRAGES

* RÉGIMENTS DE CHASSEURS PARACHUTISTES COMPOSÉS, À L'ÉPOQUE, D'ENGAGÉS ET D'APPELÉS DU CONTINGENT.

* ÂGÉ DE 18 ANS, HAFEZ EL-ASSAD JR A ÉTÉ PLACÉ SUR UNE LISTE NOIRE PAR LES ÉTATS-UNIS À L'ÉTÉ 2020...

MAIS IL N'Y A PAS QUE LES ASSAD COMME PROTAGONISTES DE CETTE HISTOIRE. À PEINE DEUX ANS APRÈS LE LÂCHE ASSASSINAT D'UN AMBASSADEUR DE FRANCE À BEYROUTH, VOICI FRANÇOIS MITTERRAND EN SYRIE EN 1984. LE PRÉSIDENT ASSUMERA CE CHOIX DE VOYAGE OFFICIEL ET AVOUERA UNE CERTAINE FASCINATION POUR LE PERSONNAGE DE HAFEZ EL-ASSAD À CERTAINS DE SES PROCHES...
LÀ, C'EST JACQUES CHIRAC REÇU À DAMAS PAR LE PRÉSIDENT HAFEZ EL-ASSAD QUELQUES ANNÉES PLUS TARD. LE FRANÇAIS SERA D'AILLEURS LE SEUL CHEF D'ÉTAT ÉTRANGER À SE RENDRE AUX OBSÈQUES DU « VIEUX LION » SYRIEN EN JUIN 2000, MALGRÉ LA RANCUNE NÉE DE L'ASSASSINAT DU PREMIER MINISTRE LIBANAIS, RAFIC HARIRI...
CELLE-CI A ÉTÉ PRISE LE 14 JUILLET 2008 : LE PRÉSIDENT SYRIEN BACHAR EL-ASSAD EST L'INVITÉ DE NICOLAS SARKOZY POUR ASSISTER AU TRADITIONNEL DÉFILÉ MILITAIRE SUR LES CHAMPS-ÉLYSÉES ! LA « LUNE DE MIEL » ENTRE PARIS ET DAMAS SEMBLE ALORS EFFECTIVE, APRÈS PLUSIEURS DÉCENNIES DE RELATIONS COMPLEXES ET MEURTRIÈRES.
SOUS FRANÇOIS HOLLANDE, LA RUPTURE VA ÊTRE TOTALE COMME NOUS LE VERRONS. UNE IMPASSE DIPLOMATIQUE QUI PERDURE JUSQU'À CE JOUR. POURTANT, PARIS ET DAMAS ONT UNE HISTOIRE COMMUNE - LARGEMENT MÉCONNUE - QUI REMONTE AU DÉBUT DU XXe SIÈCLE.
COMMENÇONS JUSTEMENT CETTE PLONGÉE DANS LES DESSOUS DE NOTRE HISTOIRE MODERNE PAR LES ÉVÉNEMENTS HISTORIQUES QUI SONT À L'ORIGINE DE CETTE RELATION PASSIONNELLE ET EMPOISONNÉE QU'ENTRETIENNENT AUJOURD'HUI ENCORE LA FRANCE ET LA SYRIE !

Chapitre 1

1920-1946

Le temps du mandat

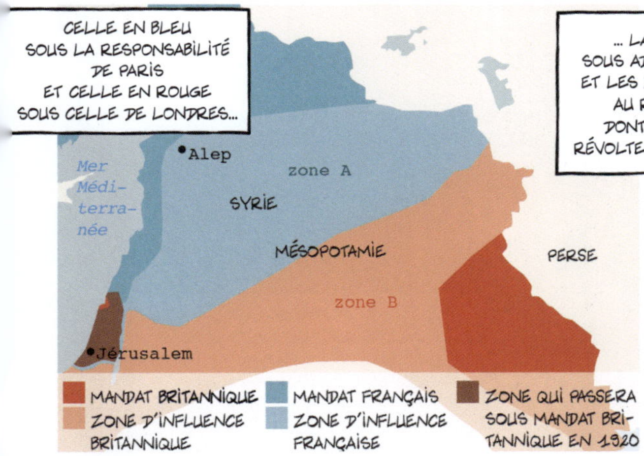

* SIR MARK SYKES EST UN MILITAIRE, VOYAGEUR, DÉPUTÉ ET DIPLOMATE BRITANNIQUE.
** FRANÇOIS GEORGES-PICOT EST UN DIPLOMATE ET HOMME POLITIQUE FRANÇAIS.
*** SOCIÉTÉ DES NATIONS (L'ANCÊTRE DE L'ONU).

* MOUVEMENT POLITIQUE ET CULTUREL FORTEMENT SÉCULIER QUI VISE À UNIFIER LES PEUPLES ARABES.

* ALICE POULLEAU EST UNE ÉCRIVAINE, POÉTESSE, HISTORIENNE ET GÉOGRAPHE FRANÇAISE.

* ALICE POULLEAU ÉCRIVIT UN JOURNAL DE BORD PUBLIÉ SOUS LE TITRE DE *À DAMAS SOUS LES BOMBES* EN 1926.

* DIPLOMATE ET AMBASSADEUR FRANÇAIS, ANCIEN DIRECTEUR GÉNÉRAL DE LA DGSE. IN *MÉMOIRES D'ORIENT : LE SOLEIL NE SE LÈVE PLUS À L'EST*, PERRIN, 2018.

EN FRANCE, L'ARRIVÉE AU POUVOIR DU FRONT POPULAIRE EN 1936 PERMET DES NÉGOCIATIONS ENTRE LES NATIONALISTES SYRIENS ET PARIS, QUI DÉBOUCHENT SUR UN ACCORD DONNANT L'INDÉPENDANCE À LA SYRIE DANS UN DÉLAI DE CINQ ANS. L'ACCORD EST CEPENDANT MORT-NÉ EN RAISON DE L'OBSTRUCTION DU PARLEMENT FRANÇAIS ET DE L'ARRIVÉE DE LA GUERRE EN EUROPE...
EN 1941, LE CONFLIT S'EXPORTE AU LEVANT QUI EST RESTÉ SOUS L'AUTORITÉ DES FORCES LOYALES AU RÉGIME DE VICHY. LES FORCES FRANÇAISES LIBRES (GAULLISTES), ÉPAULÉES PAR LES BRITANNIQUES, S'EMPARENT DE DAMAS. LE GÉNÉRAL CATROUX APPORTE ALORS UNE LUEUR D'ESPOIR AUX SYRIENS ET AUX LIBANAIS...
JE VIENS METTRE FIN AU RÉGIME DU MANDAT ET VOUS PROCLAME LIBRES ET INDÉPENDANTS, VOUS POURREZ SOIT VOUS CONSTITUER EN ÉTATS SÉPARÉS, SOIT VOUS UNIR EN UN SEUL ÉTAT. VOTRE STATUT SOUVERAIN SERA GARANTI PAR UN TRAITÉ DANS LEQUEL SERONT DÉFINIES NOS RELATIONS RÉCIPROQUES !
29 MAI 1945, DAMAS.
LES PAROLES DE CATROUX SOULÈVENT UN ESPOIR D'ACCESSION RAPIDE À L'INDÉPENDANCE, VITE DOUCHÉ PAR LE GÉNÉRAL DE GAULLE, QUI ORDONNE À L'ARMÉE DU LEVANT DE RÉTABLIR L'ORDRE PAR TOUS LES MOYENS QUELQUES JOURS APRÈS LA CAPITULATION DU IIIe REICH EN EUROPE...
MAIS LES BRITANNIQUES S'EN MÊLENT ET CHURCHILL FAIT PRESSION SUR LE CHEF DE LA FRANCE LIBRE POUR QUE LA SYRIE ET LE LIBAN ACCÈDENT ENFIN À LEUR INDÉPENDANCE. CES ÉVÉNEMENTS DRAMATIQUES - PLUSIEURS CENTAINES DE VICTIMES - INFLUENCERONT GRANDEMENT UN JEUNE ALAOUITE ÂGÉ DE 16 ANS À L'ÉPOQUE DES FAITS...
HAFEZ EL-ASSAD !

Chapitre 2

1946-1971

La marche vers le pouvoir d'Hafez el-Assad

* « LE LION » EN ARABE.

* SA CRÉATION LE 14 MAI 1948 EST SUIVIE DU PREMIER CONFLIT ISRAÉLO-ARABE.

HIVER 1957, BASE AÉRIENNE DE L'ARMÉE ROUGE (URSS).
TACATACATACATAC !!
QUELLE CHANCE QUE CE SOIENT DES MUNITIONS À BLANC, CAPITAINE EL-ASSAD ! SINON, J'EXPLOSAIS EN PLEIN VOL !
28
28
DE CONTRÔLE À ASSAD ET TLASS... EXERCICE TERMINÉ. RETOUR IMMÉDIAT À LA BASE. VOUS ÊTES ATTENDUS !
HAFEZ, JE ME DEMANDE OÙ ILS NOUS EMMÈNENT...
LENINGRAD 227 Km
KURSK
« AIE CONFIANCE, MON AMI, MOUSTAFA. CETTE LIMOUSINE NE RESSEMBLE PAS À UN CAMION CELLULAIRE DU KGB... »
BELGOROD

PECTOP
QUELLE TRISTESSE QUE LE GRAND STALINE, LE « PETIT PÈRE DES PEUPLES », SOIT DÉCÉDÉ DEPUIS QUATRE ANS DÉJÀ. J'AURAIS TANT AIMÉ LE RENCONTRER...
MAISON DES SOVIETS, XXVE CONGRÈS POUR L'AMITIÉ ENTRE LES PEUPLES.
MERCI, CAMARADES INTERNATIONALISTES ! ENSEMBLE NOUS ÉCLAIRERONS LE GENRE HUMAIN ! POUR QUE LA RÉVOLUTION BOLCHEVIQUE VOUS AIDE À VOUS DÉFAIRE DES CHAÎNES DES COLONIALISTES OCCIDENTAUX !
NOTRE AMITIÉ EST SCELLÉE, AMIS SYRIENS... L'UNION DES RÉPUBLIQUES SOCIALISTES SOVIÉTIQUES SE TIENDRA TOUJOURS AUX CÔTÉS DES PROGRESSISTES DU PARTI BAAS !
MOUSTAFA TLASS DEVIENDRA PROCHE DE HAFEZ EL-ASSAD ET MILITERA COMME LUI AU PARTI BAAS. PARALLÈLEMENT, IL GRAVIRA LES ÉCHELONS DE LA HIÉRARCHIE MILITAIRE DANS SON SILLAGE ALORS QU'IL EST D'ORIGINE SUNNITE ET NON ALAOUITE !
LES DEUX JEUNES OFFICIERS, PANARABES ET PROGRESSISTES, TOMBENT SOUS LE CHARME DE LA PATRIE DE LA RÉVOLUTION COMMUNISTE, QUI SAURA SE SOUVENIR D'EUX QUELQUES ANNÉES PLUS TARD...

APRÈS LEUR FORMATION, ILS SONT MUTÉS EN ÉGYPTE. MAIS POURQUOI EN ÉGYPTE ALORS QU'ILS SONT SYRIENS ?
EN RAISON DE LA CRÉATION DE LA RÉPUBLIQUE ARABE UNIE (RAU) ENTRE LA SYRIE ET L'ÉGYPTE CONSÉCUTIVE À LA CRISE DE SUEZ EN 1956, EN RÉPONSE À L'EXPÉDITION MILITAIRE ANGLO-BRITANNIQUE ENVOYÉE RÉCUPÉRER LE CANAL TOUT JUSTE NATIONALISÉ PAR NASSER, ÉGYPTE ET SYRIE DÉCIDENT DE NE FORMER QU'UN SEUL ÉTAT ! PARIS ROMPRA SES RELATIONS DIPLOMATIQUES AVEC DAMAS ET LE CAIRE À CETTE OCCASION-LÀ...
BIEN VU DE SES SUPÉRIEURS, LE CAPITAINE HAFEZ EL-ASSAD EST NOMMÉ RESPONSABLE DE LA SÉCURITÉ DE L'AÉROPORT DU CAIRE. MOUSTAFA TLASS EST TOUJOURS DANS SON SILLAGE...
GRÂCE À LA RÉPUBLIQUE ARABE UNIE NOUS SOMMES INVINCIBLES, MES FRÈRES ! SOUS MA HOULETTE, LE COMBAT ANTISIONISTE NOUS FERA LIBÉRER LA TERRE DE NOS FRÈRES PALESTINIENS !
CE NASSER TIRE TROP LA COUVERTURE À LUI ! LES SYRIENS N'ONT AUCUNE IMPORTANCE À SES YEUX...
CHERS CAMARADES... NOTRE PARTI A ÉTÉ DISSOUS PAR LES INCAPABLES QUI NOUS GOUVERNENT À DAMAS. LE BAAS DOIT RENAÎTRE ET PRENDRE LE POUVOIR DANS NOTRE PATRIE !
OUI, MOUSTAFA. IL RENAÎTRA ET ÉLIMINERA DE SES RANGS LES TRAÎTRES QUI NE SE RECONNAISSENT PAS DANS NOTRE MARXISME ARABE PROGRESSISTE ET NATIONALISTE ! LA SOLUTION NE PEUT VENIR QUE DE L'ARMÉE ET DE SES CADRES ALAOUITES !

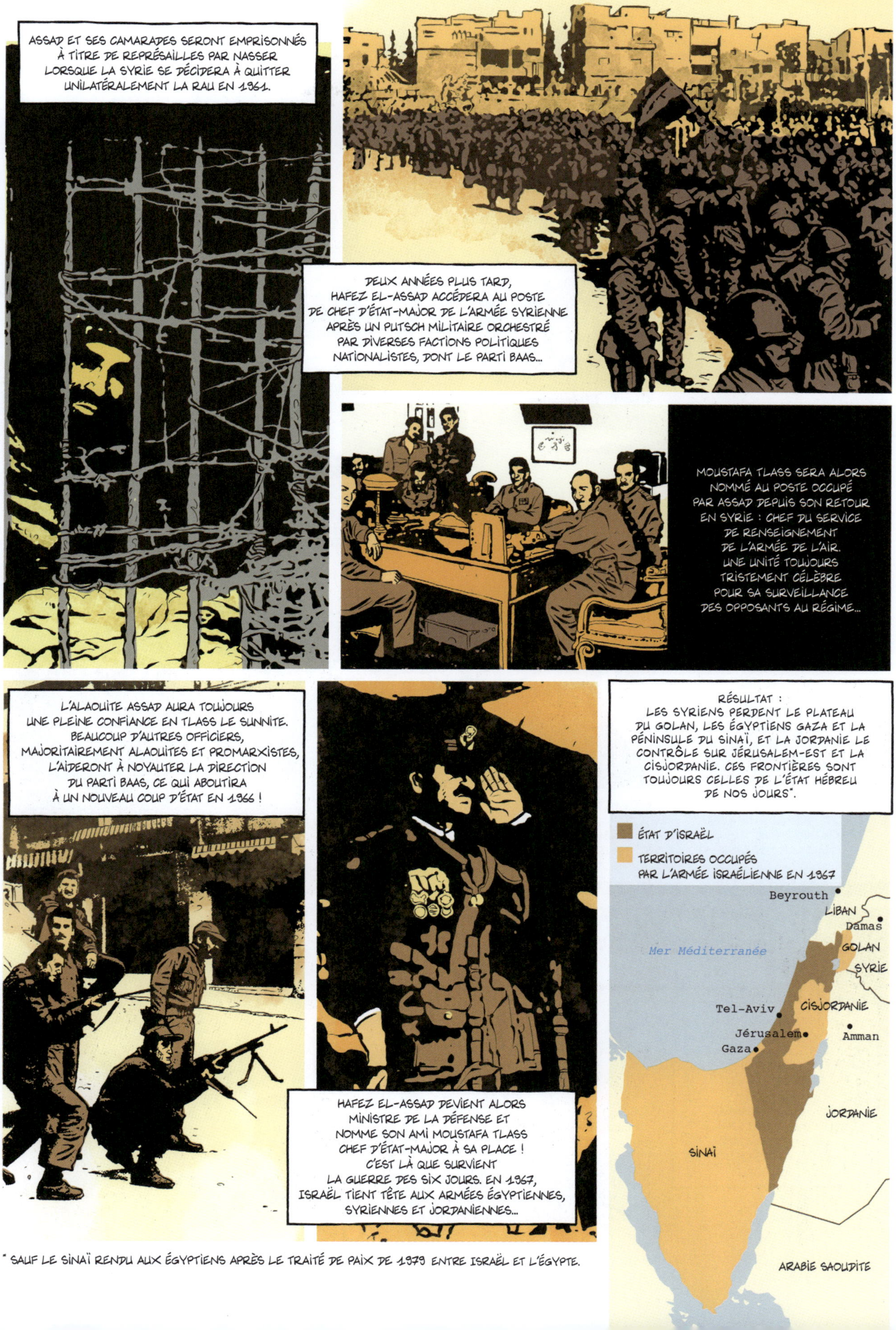
ASSAD ET SES CAMARADES SERONT EMPRISONNÉS À TITRE DE REPRÉSAILLES PAR NASSER LORSQUE LA SYRIE SE DÉCIDERA À QUITTER UNILATÉRALEMENT LA RAU EN 1961.
DEUX ANNÉES PLUS TARD, HAFEZ EL-ASSAD ACCÉDERA AU POSTE DE CHEF D'ÉTAT-MAJOR DE L'ARMÉE SYRIENNE APRÈS UN PUTSCH MILITAIRE ORCHESTRÉ PAR DIVERSES FACTIONS POLITIQUES NATIONALISTES, DONT LE PARTI BAAS...
MOUSTAFA TLASS SERA ALORS NOMMÉ AU POSTE OCCUPÉ PAR ASSAD DEPUIS SON RETOUR EN SYRIE : CHEF DU SERVICE DE RENSEIGNEMENT DE L'ARMÉE DE L'AIR. UNE UNITÉ TOUJOURS TRISTEMENT CÉLÈBRE POUR SA SURVEILLANCE DES OPPOSANTS AU RÉGIME...
L'ALAOUITE ASSAD AURA TOUJOURS UNE PLEINE CONFIANCE EN TLASS LE SUNNITE. BEAUCOUP D'AUTRES OFFICIERS, MAJORITAIREMENT ALAOUITES ET PROMARXISTES, L'AIDERONT À NOYAUTER LA DIRECTION DU PARTI BAAS, CE QUI ABOUTIRA À UN NOUVEAU COUP D'ÉTAT EN 1966 !
HAFEZ EL-ASSAD DEVIENT ALORS MINISTRE DE LA DÉFENSE ET NOMME SON AMI MOUSTAFA TLASS CHEF D'ÉTAT-MAJOR À SA PLACE ! C'EST LÀ QUE SURVIENT LA GUERRE DES SIX JOURS. EN 1967, ISRAËL TIENT TÊTE AUX ARMÉES ÉGYPTIENNES, SYRIENNES ET JORDANIENNES...
RÉSULTAT : LES SYRIENS PERDENT LE PLATEAU DU GOLAN, LES ÉGYPTIENS GAZA ET LA PÉNINSULE DU SINAÏ, ET LA JORDANIE LE CONTRÔLE SUR JÉRUSALEM-EST ET LA CISJORDANIE. CES FRONTIÈRES SONT TOUJOURS CELLES DE L'ÉTAT HÉBREU DE NOS JOURS*.
ÉTAT D'ISRAËL
TERRITOIRES OCCUPÉS PAR L'ARMÉE ISRAÉLIENNE EN 1967
Beyrouth
LIBAN
Damas
Mer Méditerranée
GOLAN
SYRIE
Tel-Aviv
CISJORDANIE
Jérusalem
Amman
Gaza
JORDANIE
SINAÏ
ARABIE SAOUDITE
* SAUF LE SINAÏ RENDU AUX ÉGYPTIENS APRÈS LE TRAITÉ DE PAIX DE 1979 ENTRE ISRAËL ET L'ÉGYPTE.

HAFEZ EL-ASSAD SAIT QUE LA DÉFAITE FACE AUX SIONISTES ISRAÉLIENS CONSTITUE UN SÉRIEUX COUP DE FREIN À SON ASCENSION VERS LE POUVOIR SUPRÊME. DANS LE MONDE ARABE ET LES CHANCELLERIES OCCIDENTALES, PLUS PERSONNE NE PARIE SUR L'AVENIR DU MINISTRE DE LA DÉFENSE SYRIEN...
EN SEPTEMBRE 1970, LE ROI HUSSEIN DE JORDANIE ÉCHAPPE DE PEU À UN NOUVEL ATTENTAT LE VISANT. IL ORDONNE ALORS À SON ARMÉE DE DÉBARRASSER LE PAYS DES COMBATTANTS ARMÉS PALESTINIENS QUI MENACENT LA STABILITÉ DE LA MONARCHIE HACHÉMITE EN LANÇANT LEURS ATTAQUES CONTRE ISRAËL DEPUIS SON SOL.
CES ÉVÉNEMENTS, QUI SERONT CONNUS SOUS LE NOM DE « SEPTEMBRE NOIR », VONT PERMETTRE À HAFEZ EL-ASSAD DE REBONDIR À SA FAÇON. IL VA MANŒUVRER EN DEUX TEMPS : SES RÉSEAUX SONT PUISSANTS AU SEIN DU BAAS OÙ SES CONVICTIONS PROMARXISTES SÉDUISENT BEAUCOUP. IL S'EMPARE ALORS DE LA TÊTE DU PARTI.
LE « LION » SAIT QU'IL DOIT CONTINUER À AGIR VITE. IL ACCUSE ALORS LE PREMIER MINISTRE SYRIEN DE TRAÎTRISE VIS-À-VIS DE LA CAUSE PALESTINIENNE ET LE DESTITUE AVEC L'APPUI DE LA QUASI-TOTALITÉ DES OFFICIERS SUPÉRIEURS DE L'ARMÉE, DONT SON FRÈRE RIFAAT ET MOUSTAFA TLASS.
LE 13 NOVEMBRE 1970, ASSAD S'EMPARE D'UN RÉGIME DICTATORIAL QU'IL VA RENFORCER À SON AVANTAGE PLUTÔT QUE DE LE RÉFORMER. C'EST LE DÉBUT DE TROIS DÉCENNIES D'UN RÉGIME AUTORITAIRE OÙ LA POPULATION SERA STRICTEMENT CONTRÔLÉE PAR...
... LE MOUKHABARAT, NOM DONNÉ AUX TOUT-PUISSANTS SERVICES DE SÉCURITÉ.

Chapitre 3

1972-1980

L'obsession de la « Grande Syrie »

DEUX ANS PLUS TARD, APRÈS AVOIR AUTORISÉ DES PARTIS POLITIQUES INTERDITS, HAFEZ EST PLÉBISCITÉ À LA PRÉSIDENCE DE L'ÉTAT AVEC PLUS DE 99 % DES VOTES EN SA FAVEUR TOUT EN CONSERVANT LA MAINMISE SUR LE PARTI BAAS. SON CONTRÔLE SUR LE PAYS EST TOTAL !
1972, DEMEURE PRIVÉE DU PRÉSIDENT DE LA RÉPUBLIQUE ARABE SYRIENNE, DAMAS.
JE VOULAIS VOUS REMERCIER POUR MA NOMINATION AU POSTE DE MINISTRE DE LA DÉFENSE, MONSIEUR LE PRÉSIDENT !
C'EST BON, MOUSTAFA. NOUS SOMMES SEULS ET PERSONNE NE NOUS ÉCOUTE, COMME TU T'EN DOUTES BIEN. JE SAIS QUE TU ES UN HOMME FIDÈLE ET QUE TU NE M'AS JAMAIS TRAHI, MÊME SI CERTAINS DANS MON ENTOURAGE PROCHE N'ONT JAMAIS AIMÉ LE FAIT QUE TU SOIS SUNNITE...
NOUS SOMMES TOUS DEUX MARXISTES, PANARABES ET FIERS D'ÊTRE SYRIENS, HAFEZ. NOS RÊVES DE JEUNES OFFICIERS SE RÉALISENT ENFIN ! TA FAMILLE EST COMME MA FAMILLE. N'ÉCOUTE PAS CES RAGOTS ET DIS-MOI CE QUE TU ATTENDS DE MOI.
TU DOIS MODERNISER NOTRE ARMÉE ET LA RENDRE INVINCIBLE ! NOUS DEVONS NOUS VENGER DE L'AFFRONT SUBI DE CES CHIENS DE JUIFS. ISRAËL DOIT ÊTRE RAYÉ DE LA CARTE ! NOUS, SYRIENS, ALLONS DEVENIR LES HÉROS DU MONDE ARABE ! MAIS IL NOUS FAUT DES CHARS, DES MISSILES ET DES AVIONS DE CHASSE !
« ET OÙ ALLONS-NOUS LES TROUVER ? »

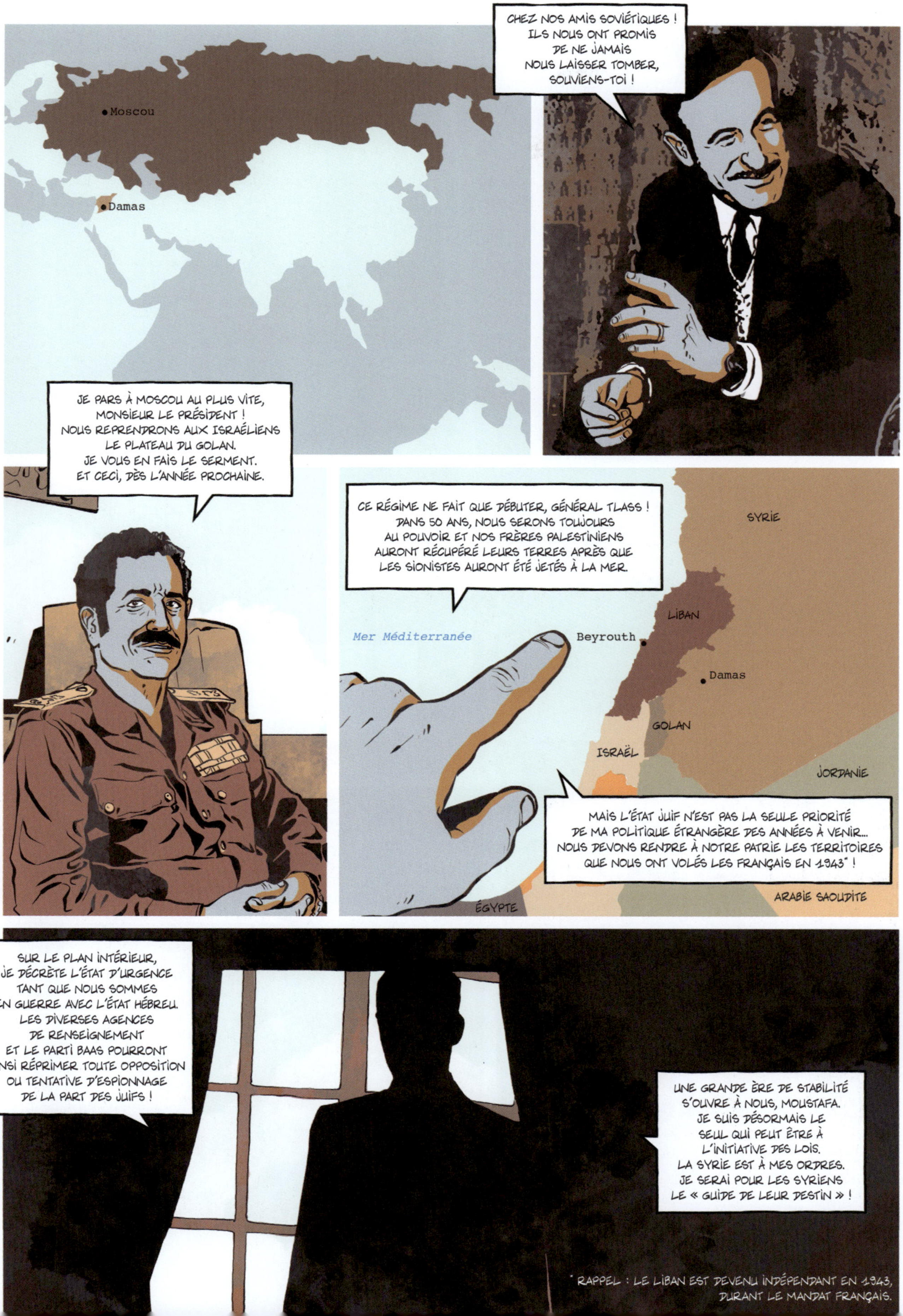
Moscou
Damas
CHEZ NOS AMIS SOVIÉTIQUES ! ILS NOUS ONT PROMIS DE NE JAMAIS NOUS LAISSER TOMBER, SOUVIENS-TOI !
JE PARS À MOSCOU AU PLUS VITE, MONSIEUR LE PRÉSIDENT ! NOUS REPRENDRONS AUX ISRAÉLIENS LE PLATEAU DU GOLAN. JE VOUS EN FAIS LE SERMENT. ET CECI, DÈS L'ANNÉE PROCHAINE.
CE RÉGIME NE FAIT QUE DÉBUTER, GÉNÉRAL TLASS ! DANS 50 ANS, NOUS SERONS TOUJOURS AU POUVOIR ET NOS FRÈRES PALESTINIENS AURONT RÉCUPÉRÉ LEURS TERRES APRÈS QUE LES SIONISTES AURONT ÉTÉ JETÉS À LA MER.
SYRIE
LIBAN
Mer Méditerranée
Beyrouth
Damas
GOLAN
ISRAËL
JORDANIE
MAIS L'ÉTAT JUIF N'EST PAS LA SEULE PRIORITÉ DE MA POLITIQUE ÉTRANGÈRE DES ANNÉES À VENIR... NOUS DEVONS RENDRE À NOTRE PATRIE LES TERRITOIRES QUE NOUS ONT VOLÉS LES FRANÇAIS EN 1943* !
ÉGYPTE
ARABIE SAOUDITE
SUR LE PLAN INTÉRIEUR, JE DÉCRÈTE L'ÉTAT D'URGENCE TANT QUE NOUS SOMMES EN GUERRE AVEC L'ÉTAT HÉBREU. LES DIVERSES AGENCES DE RENSEIGNEMENT ET LE PARTI BAAS POURRONT AINSI RÉPRIMER TOUTE OPPOSITION OU TENTATIVE D'ESPIONNAGE DE LA PART DES JUIFS !
UNE GRANDE ÈRE DE STABILITÉ S'OUVRE À NOUS, MOUSTAFA. JE SUIS DÉSORMAIS LE SEUL QUI PEUT ÊTRE À L'INITIATIVE DES LOIS. LA SYRIE EST À MES ORDRES. JE SERAI POUR LES SYRIENS LE « GUIDE DE LEUR DESTIN » !
* RAPPEL : LE LIBAN EST DEVENU INDÉPENDANT EN 1943, DURANT LE MANDAT FRANÇAIS.

L'INDÉPENDANCE DU LIBAN EST UNE ÉPINE PERMANENTE DANS LE PIED D'UN TENANT DE LA « GRANDE SYRIE » COMME HAFEZ EL-ASSAD. À SES YEUX, COMME À CEUX DE NOMBRE DE SES COMPATRIOTES, LE LIBAN EST UNE PROVINCE DE LA SYRIE.
SYRIE
LIBAN
Beyrouth
Damas
POUR L'ENSEMBLE DE LA POPULATION, CE SONT CES FICHUS FRANÇAIS QUI ONT MIS LES SYRIENS DEVANT LE FAIT ACCOMPLI EN ÉCOUTANT LES SIRÈNES INDÉPENDANTISTES DE LA MINORITÉ CHRÉTIENNE MARONITE CULTURELLEMENT PROCHE DE LA FRANCE…
Tripoli
SYRIE
LIBAN
Beyrouth
MAIS, EN 1975 VA ÉCLATER UNE TERRIBLE GUERRE CIVILE QUI AURA DE LOURDES CONSÉQUENCES DANS LES RELATIONS ENTRE PARIS ET DAMAS POUR LES DÉCENNIES À VENIR. LE DOSSIER LIBANAIS SERA MÊME LA PRINCIPALE « POMME DE DISCORDE » ENTRE ASSAD ET SES HOMOLOGUES FRANÇAIS…
LE LIBAN EST POURTANT UN HAVRE DE PROSPÉRITÉ ÉCONOMIQUE. LA RAISON : LES PORTS DE BEYROUTH ET DE TRIPOLI QUI SONT LA PRINCIPALE VOIE D'IMPORTATION OU D'EXPORTATION DE DENRÉES POUR LE PAYS, MAIS AUSSI POUR LA SYRIE VOISINE…
LE PAYS EST ALORS SURNOMMÉ LA « SUISSE DU MOYEN-ORIENT » !
BANQUE DU LIBAN
SON SYSTÈME DE PARTAGE PACIFIQUE DU POUVOIR POLITIQUE ENTRE LES DIVERSES COMMUNAUTÉS CONFESSIONNELLES (MARONITES, SUNNITES, DRUZES ET CHIITES), ISSU DU MANDAT FRANÇAIS, COMMENCE POURTANT À S'EFFRITER…
THE BRITISH BANK OF THE LEBANON
Café de Paris

APRÈS LA GUERRE ARABE DE 1948-1949 VISANT À EMPÊCHER LA CRÉATION D'ISRAËL, LE LIBAN (QUI S'ÉTAIT RANGÉ DU CÔTÉ ARABE) A ACCUEILLI PRÈS DE 100 000 RÉFUGIÉS PALESTINIENS SUR SON SOL, ÉTABLIS DANS DES CAMPS DONT ILS AVAIENT LA SOUVERAINETÉ GRÂCE À L'ONU.
EN 1970, SUITE À LEUR EXPULSION DE JORDANIE PAR LE ROI HUSSEIN, CE NOMBRE ATTEINT LES 250 000. PARMI EUX, LES CADRES ET LES MILITANTS DES ORGANISATIONS POLITIQUES ET PARAMILITAIRES PALESTINIENNES (NOTAMMENT L'OLP*), QUI UTILISENT LES CAMPS COMME BASE D'ENTRAÎNEMENT MILITAIRE.
* ORGANISATION DE LIBÉRATION DE LA PALESTINE.
DES OPÉRATIONS SONT AINSI LANCÉES PAR LES PALESTINIENS, À PARTIR DU LIBAN, CONTRE ISRAËL QUI ATTAQUE LE TERRITOIRE LIBANAIS EN REPRÉSAILLES.
LES TENSIONS POLITIQUES S'EXACERBENT AU LIBAN. D'UN CÔTÉ, LES « ARABISTES PROGRESSISTES » QUI SOUTIENNENT LES PALESTINIENS. DE L'AUTRE, LES CHRÉTIENS QUI DÉFENDENT LA NATION LIBANAISE ET SES INSTITUTIONS. DES MILICES CHRÉTIENNES, COMME LES PHALANGES DE PIERRE GEMAYEL, PRENNENT LES ARMES...
LA GUERRE DÉBUTE LE 13 AVRIL 1975, À LA SUITE D'UN INCIDENT ENTRE LES PHALANGES ET DES PALESTINIENS DANS LA BANLIEUE DE BEYROUTH. CET INCIDENT MET LE FEU AUX POUDRES ET EMBRASE TOUT LE LIBAN.
LES AFFRONTEMENTS, VIOLENTS ET MEURTRIERS, TOUCHENT TOUT LE PAYS. LE CENTRE DE BEYROUTH EST DÉTRUIT À L'AUTOMNE 1975 ET UNE LIGNE DE DÉMARCATION SÉPARE L'EST CHRÉTIEN DE L'OUEST MUSULMAN...

C'EST DANS CE CONTEXTE QUE LA SYRIE VA JOUER LES MÉDIATEURS OBLIGÉS ET ACCUEILLIR RICHARD NIXON À DAMAS EN 1974. À « SA DEMANDE », HAFEZ EL-ASSAD S'ENGAGE À PROTÉGER LES CHRÉTIENS MARONITES DU LIBAN. LE PRÉSIDENT LIBANAIS DEMANDE ALORS OFFICIELLEMENT SON AIDE MILITAIRE...
LES TROUPES SYRIENNES, ÉQUIPÉES PAR L'URSS, AFFRONTENT LES ARABES PROGRESSISTES ALLIÉS DES PALESTINIENS ET OCCUPENT LA MOITIÉ NORD DU PAYS DU CÈDRE. LES MARONITES SE CROIENT ALORS TIRÉS D'AFFAIRE, MAIS ASSAD VA RAPIDEMENT SE RETOURNER CONTRE EUX...
ÉTÉ 1976, AÉROPORT DE BEYROUTH SOUS CONTRÔLE DE LA PHALANGE. VOL EN PROVENANCE DE PARIS.
AIR FRANCE
ILS ONT RÉPONDU À NOTRE NOUVEL APPEL DE DÉTRESSE ! BÉNIS SOIENT MES FRÈRES CHRÉTIENS DE FRANCE QUI VIENNENT COMBATTRE À NOS CÔTÉS...
BONJOUR ! VOUS DEVEZ ÊTRE DANNY ? MOI, C'EST PIERRE BRULEY DES VARANNES. NOUS SOMMES TOUS ÉTUDIANTS EN DROIT À ASSAS. IL Y A LÀ DES MONARCHISTES, DES CATHOLIQUES TRADITIONALISTES ET QUELQUES RÊVEURS ÉPRIS DE GLOIRE !
« BIENVENUE DANS LA POUDRIÈRE LIBANAISE, PIERRE ! NOUS SOMMES SEULS CONTRE LES SYRIENS, LES DRUZES, LES SUNNITES, LES CHIITES ET LES PALESTINIENS... QUELQUES ANCIENS PARAS DE L'ALGÉRIE OU DU CONGO NOUS ONT AUSSI REJOINTS, TOUT COMME DES "CONSEILLERS" ISRAÉLIENS QUI NOUS APPRENNENT À NOUS BATTRE ! »

MONTJOIE ! SAINT DENIS !
À PARIS, ON ASSISTE AVEC EFFAREMENT À LA MAINMISE SYRIENNE SUR LE NORD DU LIBAN : LE PREMIER MINISTRE CHIRAC COMPREND LE DANGER QUE REPRÉSENTE CETTE FORCE MILITAIRE QUI OCCUPERA FINALEMENT LA TOTALITÉ DU PAYS DU CÈDRE JUSQU'EN 2005.
HOTEL DE MATIGNON
ASSAD A BIEN SU EMBERLIFICOTER LE SECRÉTAIRE D'ÉTAT KISSINGER EN SE PRÉSENTANT COMME LE « BISMARK DU MOYEN-ORIENT ». SA MÉDIATION ÉTAIT INTÉRESSÉE MAIS LES RICAINS N'ONT RIEN PIGÉ !
MONSIEUR L'AMBASSADEUR, LES CHRÉTIENS LIBANAIS ONT COMMIS UNE ERREUR HISTORIQUE DONT ILS VONT CHÈREMENT PAYER LE PRIX !
OUI, MONSIEUR LE PREMIER MINISTRE. JE PRÉVOIS DES COMBATS FRATRICIDES ENTRE MARONITES, LA PERTE DE LEUR INFLUENCE POLITIQUE ET L'EXIL MASSIF D'UNE PARTIE DE NOTRE POPULATION VERS VOTRE PAYS...
CHIRAC SE JURERA DE TOUJOURS PROTÉGER LE LIBAN CONTRE LA MAINMISE SYRIENNE, ENVERS ET CONTRE TOUT ! UNE ORIENTATION DE LA POLITIQUE ÉTRANGÈRE DE LA FRANCE QUI EST TOUJOURS D'ACTUALITÉ...

Chapitre 4

1981

Mort d'un ambassadeur

L'intervention militaire syrienne au Liban marque donc le début d'une période de relations agitées entre les locataires de l'Élysée et les Assad.
Le président syrien veut annexer le Liban, qui n'est rappelons-le qu'une province syrienne à ses yeux, et les affrontements entre maronites et palestiniens lui ont permis d'y envoyer son armée avec l'accord de la communauté internationale. Une aubaine !
Mais le combat des Palestiniens n'est pas celui d'Assad. Le retour des réfugiés sur leurs terres n'est pas sa priorité, même s'il tient un autre discours en public.
Assad déteste personnellement Yasser Arafat et fera tout pour avoir sa peau en jouant sur les dissensions inter-palestiniennes ou en laissant l'armée israélienne pilonner son quartier général à Beyrouth.
La raison en est simple. Le leader de l'OLP refuse de se plier aux ordres de Damas. Les Palestiniens revendiquent haut et fort leur totale indépendance de décision et le prouvent par leurs attaques terroristes contre l'Occident.
Trauer-feier
Massaker im
der Tragödie
Geheim
Attentat contre les athlètes israéliens lors des JO de Munich en septembre 1972 ou détournements d'avions comme le vol El-Al sur l'aéroport ougandais d'Entebbe en juillet 1976, pour n'en citer que deux exemples connus...

EN CETTE FIN DES ANNÉES 1970, L'OCCIDENT, DONT LA FRANCE, SOUTIENT LES MARONITES ALORS QUE LE BLOC DE L'EST, URSS EN TÊTE, SOUTIENT LES DIVERSES MILICES ARABES ET PALESTINIENNES. NOUS SOMMES TOUJOURS EN PLEINE « GUERRE FROIDE ».
EN 1980, BREJNEV ET ASSAD SIGNENT UN TRAITÉ DE COOPÉRATION ÉCONOMIQUE ET MILITAIRE DONT LES CONSÉQUENCES SE FONT TOUJOURS SENTIR AUJOURD'HUI AVEC LES BOMBARDEMENTS DE L'ARMÉE RUSSE CONTRE LES ADVERSAIRES DU RÉGIME DU FILS ASSAD.
IL NE FAUT JAMAIS OUBLIER L'ARRIMAGE DE DAMAS À MOSCOU, QUI REMONTE AU DÉBUT DES ANNÉES 1960, ET QUI A PRIS UN TOURNANT MAJEUR APRÈS QUE ASSAD PÈRE S'EST EMPARÉ DU POUVOIR EN 1970. LE PASSÉ EST SOUVENT INDISPENSABLE POUR COMPRENDRE LE PRÉSENT...
DU CÔTÉ DE LA FRANCE, L'ÉLECTION DE FRANÇOIS MITTERRAND À LA PRÉSIDENCE DE LA RÉPUBLIQUE, EN MAI 1981, NE VA PAS CHANGER GRAND-CHOSE AU DOSSIER LIBANAIS.
ON PEUT MÊME DIRE QUE LES POSITIONS PROPALESTINIENNES DU NOUVEAU CHEF DE L'ÉTAT IRRITENT GRANDEMENT ASSAD, QUI VEUT ALORS EN FINIR À TOUT JAMAIS AVEC ARAFAT ET L'OLP.
UNE TERRIBLE MISE EN GARDE VA ALORS ÊTRE ENVOYÉE AU PRÉSIDENT FRANÇAIS QUELQUES MOIS À PEINE APRÈS SON ARRIVÉE AU POUVOIR POUR QU'IL NE S'OCCUPE PAS DU DOSSIER LIBANAIS ET PALESTINIEN...

* LA RÉSIDENCE DES PINS À BEYROUTH EST LA DEMEURE PRIVÉE DE L'AMBASSADEUR DE FRANCE.

* DIRECTION GÉNÉRALE DE LA SÉCURITÉ EXTÉRIEURE.
** OPÉRATION D'ÉLIMINATION DE PERSONNES (ASSASSINATS CIBLÉS).
*** VOIR VINCENT NOUZILLE, *LES TUEURS DE LA RÉPUBLIQUE*, FAYARD, 2015 ET VINCENT NOUZILLE ET DAMIEN FLEURETTE, *LES TUEURS DE LA RÉPUBLIQUE*, LIGNE DE FRONT, 2017, 3 X 50 MINUTES.

Chapitre 5

1981-1983

Terreur sur Paris

* VINCENT NOUZILLE, OP. CIT.

NOTRE ARMÉE CONTRÔLE LE NORD DU LIBAN ET LES ISRAÉLIENS SONT MAINTENANT DANS TOUT LE SUD DU PAYS APRÈS LE LANCEMENT DE LEUR OPÉRATION PAIX EN GALILÉE. MAIS LES PLANS DE SHARON PEUVENT NOUS AIDER À NOUS DÉBARRASSER DE L'ENCLAVE OÙ CES CHIENS DE PALESTINIENS SE SONT RÉFUGIÉS !
FORCES LIBANAISES
ARMÉE LIBANAISE (MICHEL AOUN)
MARADA (MILICE CHRÉTIENNE DES FRANGIÉ)
PARTI SOCIALISTE PROGRESSISTE (DRUZE, WALID JOUMBLATT)
MILICE CHIITE (AMAL ET HEZBOLLAH)
AUTRES MILICES LOCALES
ARMÉE DU LIBAN SUD ALLIÉE D'ISRAËL
CAMP PALESTINIEN
SYRIE
Akkar
Bekaa nord
Beyrouth
Chouf
Bekaa sud
Jabat Amil
GOLAN
ISRAËL
« JE SAIS QUE LE SORT D'ARAFAT SERA SCELLÉ D'ICI QUELQUES SEMAINES. SOIT SOUS NOS BOMBES, SOIT SOUS CELLES DES JUIFS QUI TIENNENT L'OLP EN TENAILLE DANS LE PORT DE BEYROUTH. »
POUR CELA, IL NE FAUT PAS QUE LES FRANÇAIS INTERVIENNENT POUR SAUVER ARAFAT MALGRÉ LEURS PROMESSES DEVANT L'ONU. IL FAUT CONTINUER À DÉSTABILISER LA FRANCE, GÉNÉRAL KANAAN !
COMMENT, EXCELLENCE ?
EN POURSUIVANT LA DIPLOMATIE TERRORISTE, MON AMI ! NOUS HÉBERGEONS BIEN DEPUIS DES ANNÉES DES GROUPES DISSIDENTS DE L'OLP OU EUROPÉENS À LA DEMANDE DE NOS CAMARADES DE MOSCOU, IL ME SEMBLE...
OUI ! MAIS LES OCCIDENTAUX SAVENT QUE NOUS LES HÉBERGEONS. PEUT-ÊTRE FAUDRAIT-IL BROUILLER LES PISTES ? J'AI JUSTEMENT UNE IDÉE...
JE T'ÉCOUTE !
VOUS VOUS SOUVENEZ DU FATAH-CONSEIL RÉVOLUTIONNAIRE DIRIGÉ PAR ABOU NIDAL ? IL SE TROUVE QUE MES ESPIONS À BAGDAD M'ONT APPRIS QUE SADDAM HUSSEIN VEUT S'EN DÉBARRASSER POUR PLAIRE AUX OCCIDENTAUX QUI LE SOUTIENNENT DANS SA GUERRE CONTRE L'IRAN...

PARIS, RUE DES ROSIERS, RESTAURANT GOLDENBERG, 9 AOÛT 1982.
JO GOLDENBERG
DELICATESSEN STORE
RESTAURANT
BRUNCH
UNE FUSILLADE ÉCLATE DANS LE QUARTIER DU MARAIS À PARIS, ELLE FERA 6 MORTS ET 22 BLESSÉS.
SAMU DE PARIS
SECOURS SAMU
E SECOURS
LES MEMBRES DU FATAH-CR PEUVENT DÉSORMAIS S'INSTALLER À DAMAS ET BÉNÉFICIER DE LA PROTECTION DU REDOUTÉ MOUKHABARAT SYRIEN POUR CONTINUER À ORGANISER LEURS ATTENTATS EN EUROPE...

MAIS CETTE SANGLANTE DIVERSION TENTÉE PAR DAMAS NE SERA PAS SUFFISANTE, CAR PARIS A BEL ET BIEN DÉCIDÉ DE SAUVER ARAFAT D'UNE MORT CERTAINE SOUS LES BOMBARDEMENTS ISRAÉLIENS OU SYRIENS...
LE PRÉSIDENT MITTERRAND OBTIENT QUE LES TROUPES FRANÇAISES, SOUS MANDAT INTERNATIONAL, PUISSENT EXFILTRER PAR LA MER LE LEADER DE L'OLP ET LE GROS DE SES TROUPES DE LA SOURICIÈRE DU PORT DE BEYROUTH POUR LES DÉBARQUER À TUNIS.
SOL PHRYNE
LIMASSOL
ASSAD EST FURIEUX CONTRE MITTERRAND ! IL SE JURE DE NE JAMAIS PARDONNER CET AFFRONT QUE LUI A FAIT LA FRANCE.
SA RIPOSTE VA ÊTRE IMMÉDIATE : IL DONNE L'ORDRE À SES SERVICES DE SÉCURITÉ DE SOUTENIR, EN MOYENS MATÉRIELS HUMAINS, LE CÉLÈBRE TERRORISTE CARLOS.
CELUI-CI VIENT DE LANCER UNE VÉRITABLE DÉCLARATION DE GUERRE À PARIS APRÈS L'ARRESTATION DE SA COMPAGNE ET D'UN AUTRE COMPAGNON D'ARMES SUR LE SOL FRANÇAIS !

PARIS, PRÉSIDENCE DE LA RÉPUBLIQUE, DÉBUT MARS 1982.
EN MA QUALITÉ DE MINISTRE DE L'INTÉRIEUR, JE SUIS HOSTILE AU FAIT D'ACCEPTER L'ULTIMATUM DE CET ILICH RAMÍREZ SÁNCHEZ SURNOMMÉ CARLOS, MONSIEUR LE PRÉSIDENT !
DE QUOI PARLONS-NOUS, MONSIEUR DEFFERRE ? DE DEUX ÉTRANGERS ARRÊTÉS EN FRANCE POUR POSSESSION D'ARMES ET D'EXPLOSIFS, MAIS QUI N'ONT RIEN COMMIS DE MAL SUR NOTRE TERRITOIRE, QUE JE SACHE ?
PEUCHÈRE ! MAIS DE MAGDALENA KOPP, EX-FRACTION ARMÉE ROUGE ALLEMANDE ET COMPAGNE DE CARLOS, ET DU SUISSE BRUNO BRÉGUET. DEUX TERRORISTES INTERNATIONAUX RECHERCHÉS PAR PLUSIEURS POLICES EUROPÉENNES, MONSIEUR LE CONSEILLER SPÉCIAL !
ET LEUR CHEF EST L'ENNEMI PUBLIC MONDIAL N° 1 ! N'OUBLIEZ PAS LA PRISE D'OTAGES LORS DE LA RÉUNION DE L'OPEP À VIENNE. IL EST CAPABLE DU PIRE ET, S'IL NOUS MENACE, J'INCITERAI LE GOUVERNEMENT À LA PRUDENCE !
MERCI, MESSIEURS. LA RÉUNION EST TERMINÉE MAIS JE VOUDRAIS M'ENTRETENIR SEUL À SEUL AVEC TOI, GASTON...
LA LETTRE DE MENACES DU CÉLÈBRE TERRORISTE QUI ENJOIGNAIT À GASTON DEFFERRE DE LIBÉRER LES DEUX PRISONNIERS DANS LES 30 JOURS SOUS PEINE DE REPRÉSAILLES SANGLANTES EST OUBLIÉE. UNE BOMBE EXPLOSE ALORS DANS LE TRAIN EXPRESS PARIS-TOULOUSE : 5 MORTS ET 28 BLESSÉS...

BIENTÔT SUIVI DE L'ATTENTAT DE LA RUE MARBEUF DEVANT LE SIÈGE DU JOURNAL AL WATAN AL ARABI : 1 MORT - UNE JEUNE FEMME - ET 63 BLESSÉS.
S'ENSUIT UNE PÉRIODE DE TRÊVE AU COURS DE LAQUELLE LES DEUX PARTIES SEMBLENT NÉGOCIER, PUIS DEUX ATTENTATS À LA BOMBE SIMULTANÉS ONT LIEU DURANT LA NUIT DE LA SAINT-SYLVESTRE.
À BORD D'UN TGV, PRÈS DE TAIN-L'HERMITAGE...
... ET À LA GARE SAINT-CHARLES DE MARSEILLE. CES DEUX ACTES TERRORISTES FERONT 5 MORTS ET 54 BLESSÉS.
DEUX ANS PLUS TARD, CARLOS ET MAGDALENA KOPP, QUI VIENT D'ÊTRE LIBÉRÉE PAR LA JUSTICE FRANÇAISE, TROUVENT REFUGE À DAMAS...
ILS BÉNÉFICIENT DÉSORMAIS DE LA PROTECTION DE LA TOUJOURS REDOUTÉE MOUKHABARAT SYRIENNE. BIEN ÉVIDEMMENT, LES ATTENTATS ONT CESSÉ EN FRANCE...

Chapitre 6

1982-1983

Terreur à Damas et Hama

DEPUIS DIX ANS QU'IL EST AU POUVOIR, HAFEZ EL-ASSAD S'EST ENGAGÉ DANS UNE GUERRE SANS MERCI CONTRE SES OPPOSANTS EN SYRIE.
LES PLUS VIRULENTS SONT LES FRÈRES MUSULMANS QUI METTENT EN PLACE UNE GUÉRILLA URBAINE DE PLUS EN PLUS VIOLENTE DÈS SON ACCESSION AU POUVOIR.
APRÈS L'INVASION DU LIBAN PAR L'ARMÉE DE DAMAS, EN 1976, LA CONTESTATION RELIGIEUSE PREND UNE AMPLEUR INÉGALÉE DANS LE PAYS. DES CENTAINES D'ASSASSINATS VISENT DES PERSONNALITÉS ALAOUITES - PLUS DE 300 ENTRE 1979 ET 1981.
EN JUIN 1979, 82 ÉLÈVES OFFICIERS SONT ABATTUS AU SEIN DE L'ACADÉMIE D'ALEP. QUANT AUX ATTENTATS, ILS SE COMPTENT PAR DIZAINES. L'UN D'EUX FRAPPE MÊME LA DIRECTION DU SERVICE DE RENSEIGNEMENT.
LES ARRESTATIONS ARBITRAIRES ET LES RAFLES DANS LES MILIEUX ISLAMISTES SONT ALORS JOURNALIÈRES ET LE RECOURS À LA TORTURE DEVIENT TRISTEMENT BANAL. DES MILLIERS D'HOMMES, DE FEMMES ET MÊME D'ENFANTS EN FONT LES FRAIS...
APRÈS UNE TENTATIVE DE MEURTRE CONTRE ASSAD EN 1980, LA CONFRÉRIE DES FRÈRES MUSULMANS EST FRAPPÉE D'INTERDICTION ET TOUTE PERSONNE QUI S'EN RÉCLAME EST PASSIBLE DE LA PEINE DE MORT !

LE POINT CULMINANT DE CE CONFLIT INTERNE À LA SYRIE A LIEU AU MOIS DE FÉVRIER 1982. LES FRÈRES MUSULMANS ORGANISENT UNE RÉVOLTE CONTRE LE RÉGIME SYRIEN EN OCCUPANT LA VILLE DE HAMA. AU TOTAL, ENVIRON 300 PERSONNES, MEMBRES DU BAAS ET ALAOUITES, SONT EXÉCUTÉES DANS LA NUIT DU 2 AU 3 FÉVRIER.
EN REPRÉSAILLES, L'ARMÉE EST ENVOYÉE DEVANT HAMA ET UTILISE L'ARTILLERIE CONTRE LES OPPOSANTS. DES JEUNES FILLES KAMIKAZES SE FERONT SAUTER AU MILIEU DES SOLDATS SYRIENS, QUI DÉCIMERONT ENSUITE DES FAMILLES ENTIÈRES.
DURANT TOUT LE MOIS DE FÉVRIER, L'ARMÉE CONTINUE DE BOMBARDER LA VILLE, COUPANT ÉGALEMENT LES ARRIVÉES D'EAU ET DE VIVRES, ET TOUS LES MOYENS DE COMMUNICATION. HAMA EST ISOLÉE DU MONDE...
LE JEUNE FRÈRE D'HAFEZ, RIFAAT EL-ASSAD, DIRIGERA LA RÉPRESSION À LA TÊTE DE SES BRIGADES SPÉCIALES. CETTE VILLE ANTIQUE SERA PRESQUE ENTIÈREMENT DÉTRUITE PAR L'AVIATION ET LES CHARS SYRIENS EN TROIS SEMAINES...
ASSAD SE FÉLICITE ALORS PUBLIQUEMENT DE CE QUE LES FORCES GOUVERNEMENTALES ONT MIS FIN À « LA LONGUE CAMPAGNE DE TERREUR », AINSI QU'ONT SURNOMMÉ LES AUTORITÉS CETTE INSURRECTION ISLAMISTE.
À CE JOUR, ON DÉNOMBRE ENTRE 15 000 ET 20 000 MORTS, SUIVANT LES SOURCES, ET LES CONSÉQUENCES DE CET ÉPISODE SANGLANT SE FONT ENCORE SENTIR PLUS DE QUARANTE ANS APRÈS, COMME NOUS LE VERRONS ULTÉRIEUREMENT AVEC LA NOUVELLE GUERRE CIVILE QUI DÉBUTERA EN 2011...

* ANECDOTE DE BERNARD BAJOLET, EX-DG DE LA DGSE DANS LE SIÈCLE DES DICTATEURS, GUEZ OLIVIER (DIR), PERRIN, 2019.

À LA DIFFÉRENCE DE SADDAM HUSSEIN EN IRAK, LE PRÉSIDENT SYRIEN N'ÉLIMINE PAS EN MASSE SES DÉTRACTEURS, LE TERRIBLE MASSACRE DE HAMA ÉTANT UNE EXCEPTION. ASSAD PRÉFÈRE REMPLIR LES PRISONS GRÂCE À LA DÉLATION INSTITUTIONNALISÉE.
HAFEZ EL-ASSAD PASSE SES NUITS À LIRE DES RAPPORTS PRODUITS PAR LES DIFFÉRENTES BRANCHES DES SERVICES DE RENSEIGNEMENT. IL VEUT TOUT SAVOIR, TOUT CONTRÔLER !
LES FONCTIONS IMPORTANTES DU MOUKHABARAT SONT DONC OCCUPÉES PAR DES MEMBRES DE LA FAMILLE OU PAR DES ALAOUITES. QUELQUES SUNNITES DE CONFIANCE GRAVITENT TOUT DE MÊME DANS LE « PREMIER CERCLE » COMME MOUSTAFA TLASS, LE MINISTRE DE LA DÉFENSE.
« JE CROIS QUE J'AI FAIT UN BON CHOIX. ILS SONT TOUS COMPÉTENTS ET SAURONT ME RESTER FIDÈLES. QU'EN PENSES-TU, MOUSTAFA ? »
SANS AUCUN DOUTE, PRÉSIDENT. ILS SAURONT S'ACQUITTER DE LEUR TÂCHE ET AUSSI SE SURVEILLER LES UNS LES AUTRES POUR VOTRE PLUS GRAND PROFIT...
TU ES UN DE MES PLUS FIDÈLES, MOUSTAFA. CE QUE NOUS AVONS VÉCU PLUS JEUNES DANS LA PATRIE DU SOCIALISME SOVIÉTIQUE A ÉTÉ UNE EXPÉRIENCE QUI NOUS A RAPPROCHÉS POUR TOUJOURS...
MAIS EUX SONT JEUNES, AVIDES ET DÉNUÉS DE TOUT SCRUPULE. JE PRÉFÈRE ÊTRE AVERTI À L'AVANCE DE TOUTE POSSIBLE TENTATIVE DE PUTSCH ! ET JE COMPTE BIEN QU'ILS SE SURVEILLENT ENTRE EUX POUR CELA !

* SELON MATTHIEU REY, AUTEUR D'UNE *HISTOIRE DE LA SYRIE* XIXe-XXIe SIÈCLE, FAYARD, 2019.

Chapitre 7

1982-1983

Terreur à Beyrouth

* DIRECTEUR GÉNÉRAL DE LA NOUVELLE DGSE DE 1982 À 1985.

BBBAAAAAOOOOOOOMMMMM !!!
BEYROUTH, POSTE « DRAKKAR » OCCUPÉ PAR LES MILITAIRES FRANÇAIS DU 1ER RCP PRÈS DE LA BANLIEUE CHIITE, DIMANCHE 23 OCTOBRE 1983.
TU AS ENTENDU, ROGER ?
REGARDE ! ON DIRAIT QUE C'EST DU CÔTÉ DE L'AÉROPORT ! LÀ OÙ SONT STATIONNÉS LES MARINES AMÉRICAINS !
TU AS RAISON ! IL FAUT PRÉVENIR LE QG ! QUELLE HEURE EST-IL ?
6 H 30 LOCALES !
TOI QUI VOULAIS DU DÉPAYSEMENT EN EFFECTUANT TON SERVICE MILITAIRE CHEZ LES PARAS, TU ES SERVI ! PASSE-MOI LA RADIO !
MON DIEU ! QUE SE PA...

DÉSOLÉ D'ÊTRE AUSSI MATINAL UN DIMANCHE, MAIS ÇA CHAUFFE DU CÔTÉ DE BEYROUTH, MONSIEUR LE PRÉSIDENT !
QUE S'EST-IL PASSÉ, AMIRAL ?
JE VIENS D'AVOIR MON HOMOLOGUE À LA CIA ! L'EXPLOSION DANS LEUR CAMP A FAIT 241 MORTS. IL S'AGIRAIT D'UN CAMION-SUICIDE BOURRÉ D'EXPLOSIFS QUI AURAIT FRANCHI EN FORCE LES POSTES DE CONTRÔLE DES U.S. MARINES. CÔTÉ « DRAKKAR », LE GÉNÉRAL CANN ET L'AMBASSADEUR N'ONT TOUJOURS PAS DE BILAN DÉFINITIF...
DÈS QUE NOUS ARRIVONS À BEYROUTH, JE VEUX VOIR LES SURVIVANTS, AMIRAL !
C'EST BIEN, VOUS ÊTES DES GUERRIERS ! VOUS POUVEZ ÊTRE FIERS DE VOUS...
TU PARLES... DIS PLUTÔT QUE TU NOUS AS ENVOYÉS DANS UN SACRÉ MERDIER ET QU'ON ÉTAIT LE CUL SUR UNE BOMBE...
FRANCE

BILAN : 55 PARAS DU 1ER RCP ET 3 DU 9E RCP SONT DÉCÉDÉS. AUXQUELS IL FAUT AJOUTER, CAR ON LES OUBLIE SOUVENT, LA FEMME DU GARDIEN LIBANAIS ET SES QUATRE ENFANTS...
LA THÈSE OFFICIELLE PARLERA D'UN ATTENTAT COMMIS AVEC UNE CAMIONNETTE BOURRÉE D'EXPLOSIFS, COMME CELA A ÉTÉ LE CAS CONTRE LA BASE DES U.S. MARINES PRÈS DE L'AÉROPORT DE BEYROUTH.
POURTANT, ON NE RETROUVERA AUCUNE TRACE DU VÉHICULE DANS LES DÉBRIS DU « DRAKKAR ». UN VÉHICULE QU'AUCUNE SENTINELLE N'A VU À CETTE HEURE MATINALE, SELON DES TÉMOIGNAGES JAMAIS PRIS EN COMPTE DANS L'ENQUÊTE...
AUTRE HYPOTHÈSE : L'IMMEUBLE, QUI AVAIT ABRITÉ OFFICIELLEMENT LES SERVICES DE RENSEIGNEMENT SYRIENS, AURAIT ÉTÉ PIÉGÉ AVANT L'ARRIVÉE DES FRANÇAIS AVEC 1,4 TONNE D'EXPLOSIFS !
SELON CERTAINES SOURCES, LES DÉMINEURS FRANÇAIS N'AURAIENT PAS INSPECTÉ LE PARKING DE L'IMMEUBLE « DRAKKAR » AVANT QUE LES PARACHUTISTES DU 1ER RCP N'EN PRENNENT POSSESSION...
AUJOURD'HUI, LES SURVIVANTS, DEVENUS AMNÉSIQUES OU HANDICAPÉS À VIE, DEMANDENT TOUJOURS QUE LA SYRIE SOIT OFFICIELLEMENT IMPLIQUÉE DANS CET ATTENTAT. MAIS L'INTÉRÊT SUPÉRIEUR DE LA NATION ÉTAIT PEUT-ÊTRE AILLEURS À CE MOMENT-LÀ ? POURQUOI NE VOULAIT-ON PAS IRRITER DAMAS ALORS QUE SA RESPONSABILITÉ SEMBLE ÉVIDENTE ?

Chapitre 8

1984

Coup d'État avorté chez les Assad

AÉROPORT INTERNATIONAL DE GENÈVE, ÉTÉ 1983.
NOUS Y SERONS DANS MOINS D'UNE DEMI-HEURE, MONSIEUR LE DIRECTEUR GÉNÉRAL. VOUS ÊTES TOUJOURS PARTANT POUR RENCONTRER LE « BOUCHER DE HAMA » ? SINON, LE PROCHAIN VOL POUR PARIS N'EST QUE DANS UNE HEURE...
CESSEZ VOTRE IRONIE, CAPITAINE, ET SURVEILLEZ LA ROUTE ! IL NE MANQUERAIT PLUS QUE LE PATRON DE LA DGSE ET SON CHEF DE POSTE EN SUISSE SE FASSENT ARRÊTER PAR LA POLICE HELVÉTIQUE POUR EXCÈS DE VITESSE !! JE VOIS DÉJÀ LES TITRES DANS LA PRESSE.
« QUEL COMITÉ D'ACCUEIL ! QUAND ON PENSE QUE CE TYPE NE DEMEURE ICI QUE QUELQUES SEMAINES PAR AN... »
« OUI... JE SUIS SURPRIS QU'IL AIT ACCEPTÉ DE NOUS RECEVOIR. MAIS JE VAIS LA JOUER DIFFÉREMMENT DE MON PRÉDÉCESSEUR. ALORS, LAISSEZ-MOI PARLER ! »
AMIRAL LACOSTE ! JE SUIS TRÈS HONORÉ DE VOUS ACCUEILLIR DANS MON HUMBLE DEMEURE...
« MONSIEUR LE VICE-PRÉSIDENT RIFAAT EL-ASSAD ! C'EST UN HONNEUR POUR MOI DE VOUS RENCONTRER. COMMENT SE PORTE VOTRE FRÈRE, LE PRÉSIDENT HAFEZ ? ET SON FILS AÎNÉ ? IL PARAÎT QU'IL EST APPELÉ À LUI SUCCÉDER... »
NON ! JE NE PENSE PAS...

* VOIR ALAIN CHOUET, AU CŒUR DES SERVICES SPÉCIAUX, LA DÉCOUVERTE, 2013.

À L'AUTOMNE DE CETTE MÊME ANNÉE, LES RIVALITÉS AU SEIN DE LA FAMILLE AUTOUR DE LA SUCCESSION DU PRÉSIDENT EL-ASSAD VONT SE CRISTALLISER SOUDAINEMENT. TOUT CELA LOIN DES CAMÉRAS ET DE LA CURIOSITÉ DE LA PRESSE INTERNATIONALE.
NOVEMBRE 1983, APPARTEMENTS PRIVÉS DU PRÉSIDENT, PALAIS PRÉSIDENTIEL, DAMAS.
L'ARROGANCE DE TON FRÈRE M'INQUIÈTE, MON MARI...
RIFAAT TIENT DES PROPOS DÉPLACÉS DANS LES SALONS DE LA BONNE SOCIÉTÉ ALAOUITE... ET IL EST ÉCOUTÉ !
MHMMM... IL SE DONNE PLUS D'IMPORTANCE QU'IL N'EN A... DÉPÊCHONS-NOUS, SINON NOUS ALLONS ÊTRE EN RETARD POUR LE DÎNER EN L'HONNEUR DE BASSEL.
JUSTEMENT ! C'EST BASSEL LE PROBLÈME, AVEC RIFAAT !
COMMENT ÇA ? TU SAIS AUSSI BIEN QUE MOI QUE JE DESTINE NOTRE FILS AÎNÉ À ME SUCCÉDER LE JOUR VENU. ET NON PAS MON FRÈRE RIFAAT !

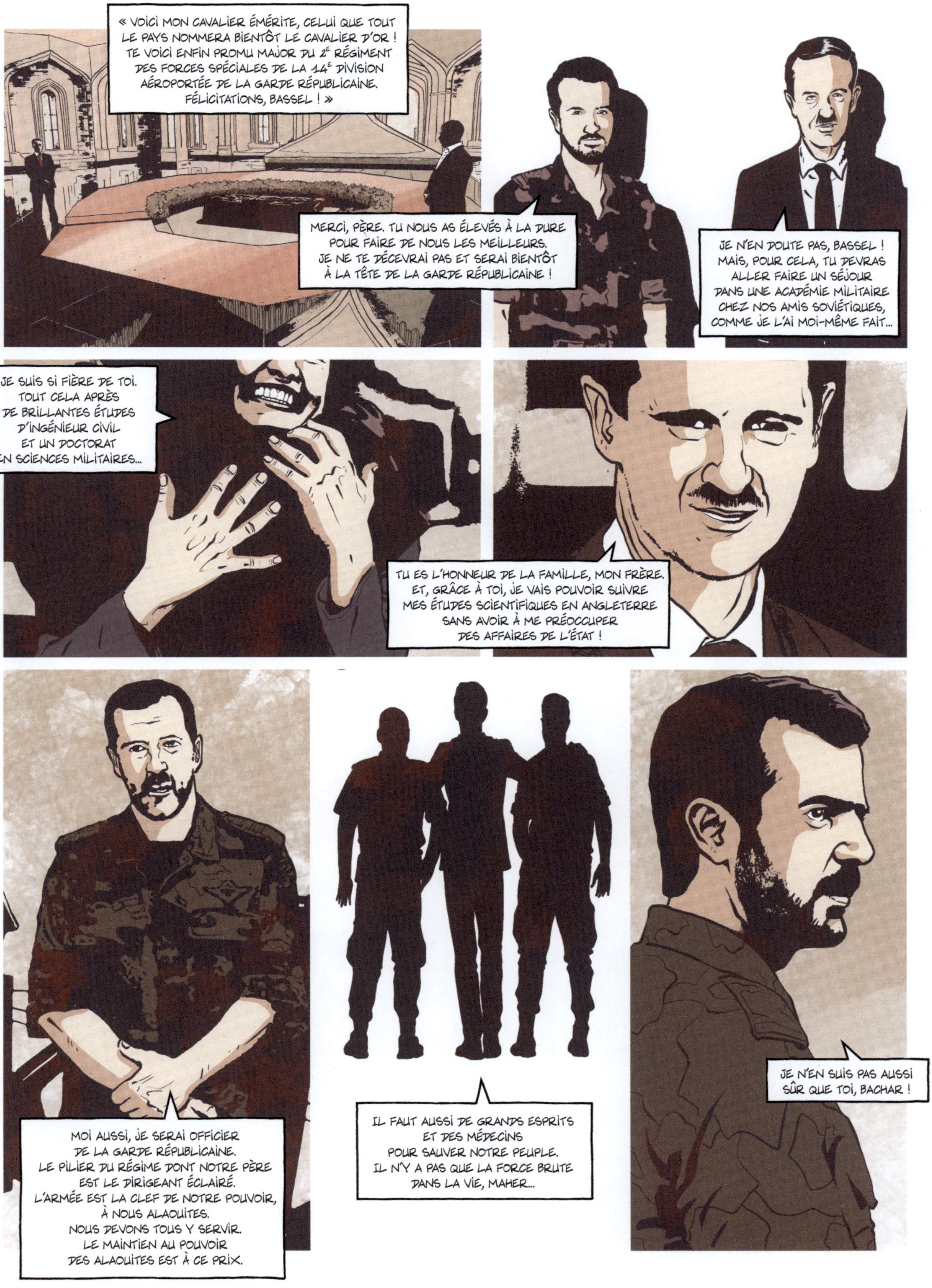
« VOICI MON CAVALIER ÉMÉRITE, CELUI QUE TOUT LE PAYS NOMMERA BIENTÔT LE CAVALIER D'OR ! TE VOICI ENFIN PROMU MAJOR DU 2E RÉGIMENT DES FORCES SPÉCIALES DE LA 14E DIVISION AÉROPORTÉE DE LA GARDE RÉPUBLICAINE. FÉLICITATIONS, BASSEL ! »
MERCI, PÈRE. TU NOUS AS ÉLEVÉS À LA DURE POUR FAIRE DE NOUS LES MEILLEURS. JE NE TE DÉCEVRAI PAS ET SERAI BIENTÔT À LA TÊTE DE LA GARDE RÉPUBLICAINE !
JE N'EN DOUTE PAS, BASSEL ! MAIS, POUR CELA, TU DEVRAS ALLER FAIRE UN SÉJOUR DANS UNE ACADÉMIE MILITAIRE CHEZ NOS AMIS SOVIÉTIQUES, COMME JE L'AI MOI-MÊME FAIT...
JE SUIS SI FIÈRE DE TOI. TOUT CELA APRÈS DE BRILLANTES ÉTUDES D'INGÉNIEUR CIVIL ET UN DOCTORAT EN SCIENCES MILITAIRES...
TU ES L'HONNEUR DE LA FAMILLE, MON FRÈRE. ET, GRÂCE À TOI, JE VAIS POUVOIR SUIVRE MES ÉTUDES SCIENTIFIQUES EN ANGLETERRE SANS AVOIR À ME PRÉOCCUPER DES AFFAIRES DE L'ÉTAT !
MOI AUSSI, JE SERAI OFFICIER DE LA GARDE RÉPUBLICAINE. LE PILIER DU RÉGIME DONT NOTRE PÈRE EST LE DIRIGEANT ÉCLAIRÉ. L'ARMÉE EST LA CLEF DE NOTRE POUVOIR, À NOUS ALAOUITES. NOUS DEVONS TOUS Y SERVIR. LE MAINTIEN AU POUVOIR DES ALAOUITES EST À CE PRIX.
IL FAUT AUSSI DE GRANDS ESPRITS ET DES MÉDECINS POUR SAUVER NOTRE PEUPLE. IL N'Y A PAS QUE LA FORCE BRUTE DANS LA VIE, MAHER...
JE N'EN SUIS PAS AUSSI SÛR QUE TOI, BACHAR !

QUELQUES MOIS PLUS TARD, HAFEZ EL-ASSAD FAIT UN INFARCTUS PUIS TOMBE DANS LE COMA. UN CARDIOLOGUE FRANÇAIS ET UN HOMOLOGUE LIBANAIS SERONT CONSTAMMENT À SON CHEVET.
BEAUCOUP À DAMAS CRAIGNENT LES CONSÉQUENCES D'UNE VACANCE DU POUVOIR QUI SEMBLE PARTIE POUR DURER.
QUARTIER GÉNÉRAL DES BRIGADES DE DÉFENSE, DAMAS.
MAIS LE FRÈRE CADET DU PRÉSIDENT, RIFAAT, PREND LES CHOSES EN MAIN ET, AVEC SON EXPÉRIENCE DE CHEF DES SERVICES DE RENSEIGNEMENT, TIENT LE PAYS D'UNE POIGNE DE FER.
LE « BOUCHER DE HAMA » DÉPLOIE LES 20 000 HOMMES DE SES BRIGADES DE DÉFENSE DANS DAMAS ET PREND LE CONTRÔLE DE TOUS LES CENTRES NÉVRALGIQUES DE LA CAPITALE !
RIFAAT ESTIME QU'IL A ÉVITÉ AU PAYS DE SOMBRER DANS LA GUERRE CIVILE MAIS, À PEINE GUÉRI, SON FRÈRE AÎNÉ N'EN SEMBLERA PAS CONVAINCU...
... ET L'ACCUSERA D'AVOIR VOULU PRENDRE LE POUVOIR À SA PLACE EN FOMENTANT UN COUP D'ÉTAT !

PÈRE ! ÉCOUTE-NOUS ! NOTRE « ONCLE » DOIT ÊTRE CONDAMNÉ À MORT !
NON, BASSEL ! JE VAIS ME VENGER MAIS IL NE SERA PAS DIT QUE LE SANG COULERA AU SEIN DE NOTRE FAMILLE. C'EST D'ELLE QUE NOUS VIENT NOTRE FORCE. NE L'OUBLIEZ JAMAIS !
JE VAIS PLUTÔT LE NOMMER VICE-PRÉSIDENT DE LA RÉPUBLIQUE DE SYRIE ET LE MAINTENIR ÉLOIGNÉ DE DAMAS EN LUI INTERDISANT DE QUITTER L'EUROPE OÙ JE VAIS L'EXILER......
HAFEZ DÉCIDE DONC DE BANNIR SON FRÈRE RIFAAT DE SYRIE. CE DERNIER SAIT QUE SES JOURS SONT COMPTÉS, CAR NOMBREUX SONT LES OPPOSANTS D'ASSAD QUI ONT ÉTÉ ASSASSINÉS À L'ÉTRANGER. SOUS SA PROPRE SUPERVISION, D'AILLEURS.
LE PRÉSIDENT MITTERRAND VA ALORS INVITER RIFAAT EL-ASSAD À VENIR S'ÉTABLIR EN FRANCE. SES GARDES DU CORPS OBTIENNENT MÊME DES AUTORISATIONS DE PORT D'ARMES DE LA PART DU GOUVERNEMENT FRANÇAIS.
PLUS ÉTONNANT : DEUX ANS PLUS TARD, EN 1986, FRANÇOIS MITTERRAND DÉCORE RIFAAT GRAND OFFICIER DE LA LÉGION D'HONNEUR POUR « SERVICES RENDUS À LA NATION ». LESQUELS ?

Chapitre 9

1984

Mitterrand à Damas, la realpolitik au pouvoir

À L'ÉLYSÉE, UN AN APRÈS L'ATTENTAT DU « DRAKKAR », LE PRÉSIDENT MITTERRAND FAIT MONTRE DE « RÉALISME POLITIQUE ». MALGRÉ L'AVIS CONTRAIRE DES DIPLOMATES DU QUAI D'ORSAY ET DES MEMBRES DES SERVICES DE RENSEIGNEMENT, IL DÉCIDE DE SE RENDRE À DAMAS !
LE PRÉSIDENT FRANÇAIS RÉPROUVE LES MÉTHODES DE SON HOMOLOGUE SYRIEN, MAIS IL RESPECTE L'HOMME QUI A DES IDÉAUX SOCIALISTES ET PANARABES COMME LUI. ET LA FRANCE N'ÉTANT PAS DÉCIDÉE À ENTRER EN GUERRE CONTRE LA SYRIE, AUTANT SE PARLER...
AVANT DE S'ENVOLER POUR DAMAS, MITTERRAND SONGE AU RETRAIT DES TROUPES FRANÇAISES DU LIBAN QU'IL A ORDONNÉ APRÈS L'ACCORD DE PAIX NÉGOCIÉ ENTRE LES MILICES CHRÉTIENNES DU PRÉSIDENT GEMAYEL ET LES MILICES CHIITES D'AMAL DIRIGÉES PAR NABIH BERRI, QUI BÉNÉFICIENT DU SOUTIEN DE LA SYRIE
LE BILAN DE LA PARTICIPATION DE LA FRANCE À LA FORCE MULTINATIONALE D'INTERPOSITION QU'IL A VOULUE EST LOURD : 89 MILITAIRES FRANÇAIS TUÉS. MAIS MITTERRAND NE SE REND PAS AUPRÈS D'HAFEZ EL-ASSAD POUR EXIGER UNE QUELCONQUE RÉPARATION.
LE PRÉSIDENT FRANÇAIS VEUT SEULEMENT FAIRE AVANCER LE PROCESSUS DE PAIX ENTRE PALESTINIENS ET ISRAÉLIENS (QUI OCCUPENT TOUJOURS LE SUD-LIBAN) GRÂCE À SON AMITIÉ DE LONGUE DATE AVEC LE NOUVEAU PREMIER MINISTRE ISRAÉLIEN, SHIMON PERES, SOCIALISTE COMME LUI...
IL EST DONC PORTEUR DE PROPOSITIONS DE PAIX ISRAÉLIENNES AUPRÈS D'ASSAD ET CARESSE L'ESPOIR D'ENFIN APPORTER LA PAIX AU PROCHE-ORIENT.

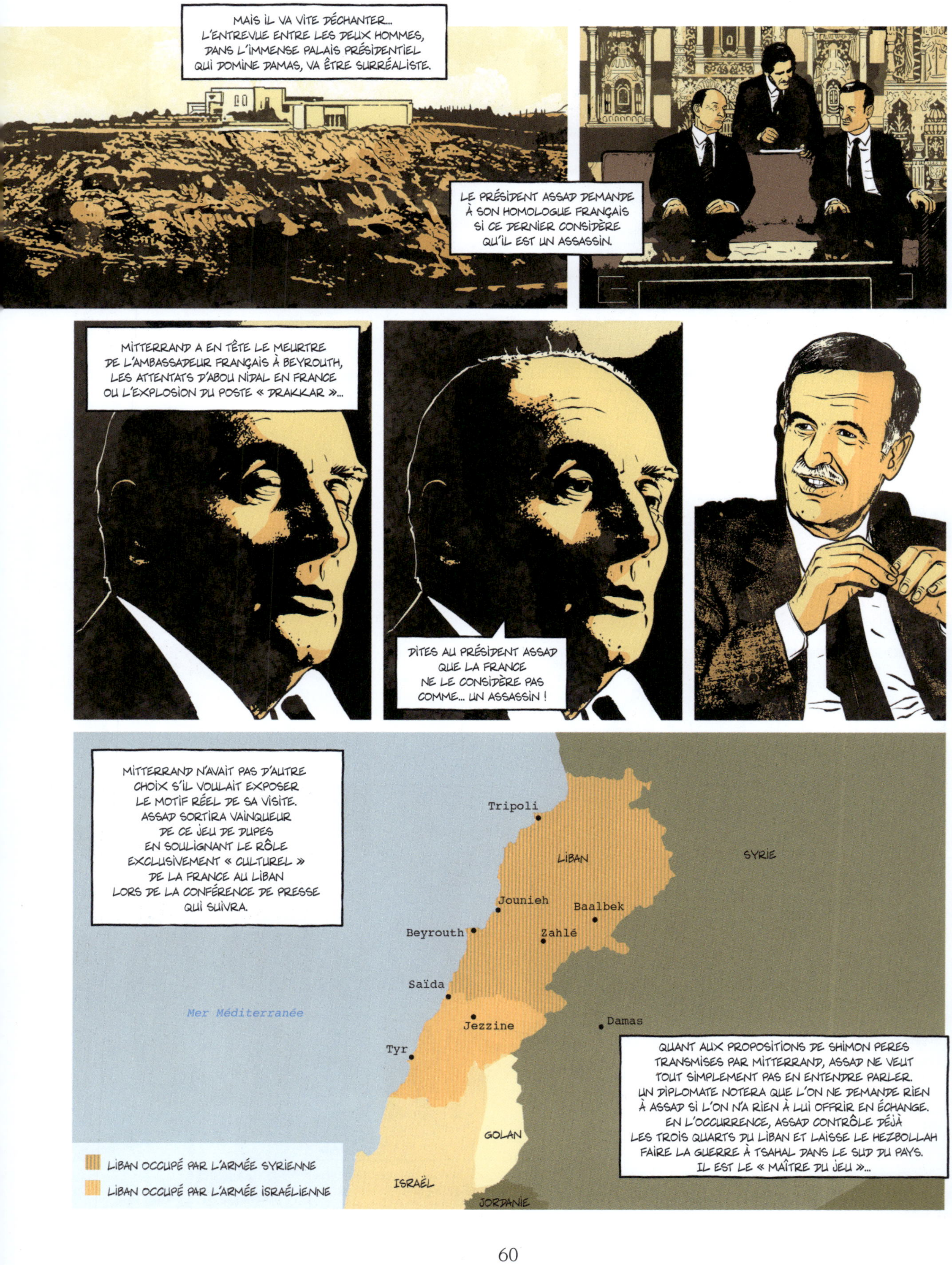
MAIS IL VA VITE DÉCHANTER… L'ENTREVUE ENTRE LES DEUX HOMMES, DANS L'IMMENSE PALAIS PRÉSIDENTIEL QUI DOMINE DAMAS, VA ÊTRE SURRÉALISTE.
LE PRÉSIDENT ASSAD DEMANDE À SON HOMOLOGUE FRANÇAIS SI CE DERNIER CONSIDÈRE QU'IL EST UN ASSASSIN.
MITTERRAND A EN TÊTE LE MEURTRE DE L'AMBASSADEUR FRANÇAIS À BEYROUTH, LES ATTENTATS D'ABOU NIDAL EN FRANCE OU L'EXPLOSION DU POSTE « DRAKKAR »…
DITES AU PRÉSIDENT ASSAD QUE LA FRANCE NE LE CONSIDÈRE PAS COMME… UN ASSASSIN !
MITTERRAND N'AVAIT PAS D'AUTRE CHOIX S'IL VOULAIT EXPOSER LE MOTIF RÉEL DE SA VISITE. ASSAD SORTIRA VAINQUEUR DE CE JEU DE DUPES EN SOULIGNANT LE RÔLE EXCLUSIVEMENT « CULTUREL » DE LA FRANCE AU LIBAN LORS DE LA CONFÉRENCE DE PRESSE QUI SUIVRA.
Tripoli
LIBAN
SYRIE
Jounieh
Baalbek
Beyrouth
Zahlé
Saïda
Mer Méditerranée
Jezzine
Damas
Tyr
GOLAN
ISRAËL
JORDANIE
LIBAN OCCUPÉ PAR L'ARMÉE SYRIENNE
LIBAN OCCUPÉ PAR L'ARMÉE ISRAÉLIENNE
QUANT AUX PROPOSITIONS DE SHIMON PERES TRANSMISES PAR MITTERRAND, ASSAD NE VEUT TOUT SIMPLEMENT PAS EN ENTENDRE PARLER. UN DIPLOMATE NOTERA QUE L'ON NE DEMANDE RIEN À ASSAD SI L'ON N'A RIEN À LUI OFFRIR EN ÉCHANGE. EN L'OCCURRENCE, ASSAD CONTRÔLE DÉJÀ LES TROIS QUARTS DU LIBAN ET LAISSE LE HEZBOLLAH FAIRE LA GUERRE À TSAHAL DANS LE SUD DU PAYS. IL EST LE « MAÎTRE DU JEU »…

* DANS CHIRAC, ASSAD ET LES AUTRES DE MANON-NOUR TANNOUS, PUF, 2017.

22 MAI 1985. AÉROPORT DE BEYROUTH, LIBAN.
LE JOURNALISTE JEAN-PAUL KAUFFMANN ET LE SOCIOLOGUE-CHERCHEUR AU CNRS MICHEL SEURAT SONT DANS UN TAXI QUI QUITTE L'AÉROPORT DE BEYROUTH.
TAXI
TAXI
POUR CE DERNIER, BEYROUTH EST UNE CONNAISSANCE DE LONGUE DATE. IL S'Y EST INSTALLÉ EN 1971 ET Y A ÉCRIT UN LIVRE SUR LES FRÈRES MUSULMANS ET LA RÉPRESSION DE LA RÉVOLTE D'HAMA EN 1982, DIRIGÉE PAR LE FRÈRE D'HAFEZ EL-ASSAD. IL EST ALORS DANS LA LIGNE DE MIRE DES SERVICES DE RENSEIGNEMENT SYRIENS ET DE LEURS AFFIDÉS DU HEZBOLLAH. CONSÉQUENCE : IL VA ÊTRE KIDNAPPÉ EN COMPAGNIE DU JOURNALISTE FRANÇAIS. DE LONGS MOIS D'ISOLEMENT AURONT RAISON DE SA SANTÉ.
Jean-Paul Kauffmann
Michel Seurat
APRÈS UNE LONGUE AGONIE CONSÉCUTIVE AUX MAUVAIS TRAITEMENTS ET AU MANQUE DE SOINS, IL EST ACHEVÉ PAR SES GEÔLIERS EN 1986.

EN FRANCE, L'ÉMOTION EST GRANDE À L'ANNONCE DE SA MORT, MAIS PERSONNE NE SAIT QUI SONT RÉELLEMENT SES BOURREAUX NI OÙ SE TROUVE SA DÉPOUILLE.
VINGT ANS PLUS TARD, EN 2006, LE HEZBOLLAH FAIT SAVOIR À PARIS QUE SON CADAVRE A ÉTÉ RETROUVÉ AU SOMMET D'UNE DÉCHARGE DE BEYROUTH, REPOSANT SOUS UNE BÂCHE.
LE CORPS EST RAPATRIÉ À PARIS PUIS DES ANALYSES ADN CONFIRMENT QU'IL S'AGIT BIEN DES RESTES DE MICHEL SEURAT.
LORS DE SON ENTERREMENT, SA VEUVE ACCUSERA LE GOUVERNEMENT FRANÇAIS DE NE PAS CHERCHER À TRADUIRE EN JUSTICE LES RESPONSABLES DE LA MORT DE SON MARI : LE HEZBOLLAH ET LES SERVICES DE RENSEIGNEMENT SYRIENS !
LE PREMIER MINISTRE VILLEPIN AFFIRMERA QUE LE CORPS DE MICHEL SEURAT A ÉTÉ RETROUVÉ PAR HASARD ALORS QUE TOUT INDIQUE QUE LES CHIITES LIBANAIS ONT VOULU FAIRE UN GESTE ENVERS PARIS À CE MOMENT-LÀ. POURQUOI ? NOUS NE LE SAURONS JAMAIS...
EN CONCLUSION, LE PRINCIPAL RESPONSABLE DE LA MORT DE MICHEL SEURAT N'AURA JAMAIS À AFFRONTER DE PROCÈS. IMAD MOUGHNIEH MOURRA DANS L'EXPLOSION DE SON VÉHICULE À DAMAS EN FÉVRIER 2008. LE DIRIGEANT MILITAIRE DU HEZBOLLAH Y AVAIT TROUVÉ REFUGE POUR S'ABRITER D'UNE POSSIBLE FRAPPE DES SERVICES OCCIDENTAUX, LE MOSSAD ISRAÉLIEN EN TÊTE...

Chapitre 10

1985-1986

Nouvelle vague d'attentats en France

OUTRE LES ACTIONS MENÉES DANS LA POUDRIÈRE LIBANAISE, ASSAD VA ACCENTUER SA PRESSION SUR PARIS PAR DE NOUVEAUX ATTENTATS SUR LE TERRITOIRE HEXAGONAL QU'IL DIRIGERA EN SOUS-MAIN. LE DIRIGEANT SYRIEN EST RANCUNIER ET OPPORTUNISTE. IL VA PROFITER D'UN FAIT DIVERS QUI AURA DE DRAMATIQUES RÉPERCUSSIONS.
TOUT COMMENCE, EN OCTOBRE 1984, AVEC L'ARRESTATION D'UN MILITANT COMMUNISTE LIBANAIS QUI EST LE CHEF DE FRACTIONS ARMÉES RÉVOLUTIONNAIRES LIBANAISES (FARL) ET AUSSI UN MEMBRE IMPORTANT DU FRONT POPULAIRE DE LIBÉRATION DE LA PALESTINE (FPLP) DE GEORGES HABACHE.
CE CHRÉTIEN MARONITE ET MILITANT MARXISTE RÉPOND AU NOM DE GEORGES IBRAHIM ABDALLAH. MAIS, CE JOUR-LÀ, IL VOYAGE SOUS UNE FAUSSE IDENTITÉ ALGÉRIENNE : ABDELKADER SAADI.
ABDALLAH TRAVERSE TRANQUILLEMENT LA FRONTIÈRE SUISSE POUR SE RENDRE À LYON AFIN D'Y RÉCUPÉRER DES ARMES ET DES EXPLOSIFS DANS UN APPARTEMENT QU'IL A LOUÉ SOUS UNE FAUSSE IDENTITÉ. CETTE VILLE EST LA BASE ARRIÈRE DES FARL EN FRANCE.
À PEINE SORTI DE LA GARE, IL SE SENT MENACÉ PAR DE MYSTÉRIEUX POURSUIVANTS ET TROUVE REFUGE DANS UN COMMISSARIAT. LES POLICIERS ÉBERLUÉS COMPRENNENT QUE L'INDIVIDU QUI SE PRÉSENTE DEVANT EUX A PEUR QU'UN COMMANDO DU MOSSAD NE LE LIQUIDE !
LE LEADER DES FARL EST IMMÉDIATEMENT INCARCÉRÉ POUR POSSESSION ET UTILISATION DE FAUX DOCUMENTS ADMINISTRATIFS. LA JUSTICE N'A RIEN D'AUTRE À REPROCHER À CET ABDELKADER SAADI.
POLICE
EN FAIT, ABDALLAH EST RESPONSABLE DE LA MORT D'UN ATTACHÉ MILITAIRE AMÉRICAIN ET D'UN DIPLOMATE ISRAÉLIEN À PARIS, EN 1982. MAIS LA JUSTICE FRANÇAISE N'EN A PAS LES PREUVES ET ELLE NE CONNAÎT MÊME PAS LA VÉRITABLE IDENTITÉ DE L'HOMME QU'ELLE VIENT DE METTRE DERRIÈRE LES BARREAUX !

* IL EST LE FILS DE L'ÉCRIVAIN GILLES PERRAULT.

** DIRECTION DE LA SURVEILLANCE DU TERRITOIRE, EN CHARGE DU CONTRE-ESPIONNAGE.

*** DANS LES ANNÉES 1970 ET 1980, LA RÉPUBLIQUE ALGÉRIENNE A FORMÉ ET FOURNI UN SOUTIEN LOGISTIQUE À DE NOMBREUSES RECRUES D'ORGANISATIONS TERRORISTES COMME L'IRA IRLANDAISE, LES FARL LIBANAISES OU L'OLP ET LE FPLP PALESTINIENS, ENTRE AUTRES.

« VOUS M'AVEZ COMPRIS ? PARIS NE VEUT PAS DE GUERRE AVEC VOUS, ALORS RELÂCHEZ IMMÉDIATEMENT VOTRE OTAGE. IL PARTIRA AVEC NOUS ET, ENSUITE, VOTRE FRÈRE POURRA RETOURNER EN SUISSE ET, DE LÀ, OÙ BON LUI SEMBLE. »
LES FARL N'ONT RIEN CONTRE LA FRANCE, MAIS ONT DÉCIDÉ DE MENER DES ACTIONS EN EUROPE POUR FRAPPER LEURS ENNEMIS PARTOUT OÙ ILS SE TROUVENT ! NOUS N'AVONS TUÉ QUE DES IMPÉRIALISTES AMÉRICAINS OU LEURS MERCENAIRES ISRAÉLIENS SUR VOTRE SOL. LIBÉREZ MON FRÈRE EN PREMIER !
NON ! PARIS NE NÉGOCIE JAMAIS AVEC LES RAVISSEURS DE SES RESSORTISSANTS. VOUS DEVEZ D'ABORD MONTRER VOTRE BONNE VOLONTÉ. C'EST À PRENDRE OU À LAISSER.
GILLES PEYROLES EST LIBÉRÉ PAR LES FARL ET TROUVE REFUGE À L'AMBASSADE DE FRANCE. PARIS DOIT HONORER SA PART DU CONTRAT, MAIS UN ÉVÉNEMENT INATTENDU VA FAIRE BASCULER TOUTE L'AFFAIRE !
COUR D'ASSISES
À LYON, DANS L'APPARTEMENT LOUÉ PAR ABDALLAH, LES POLICIERS DÉCOUVRENT DES EXPLOSIFS ET DES ARMES, DONT LE PISTOLET QUI SEMBLE AVOIR SERVI À TUER, TROIS ANS PLUS TÔT, LES DIPLOMATES CHARLES RAY ET YACOV BARTIMENTOV À PARIS ! LE LIBANAIS EST INCULPÉ DE COMPLICITÉ D'ASSASSINAT ALORS QUE LES MAGISTRATS NE SAVENT RIEN DE L'ACCORD PASSÉ PAR LA DST AVEC LES FARL VIA LEURS HOMOLOGUES ALGÉRIENS.

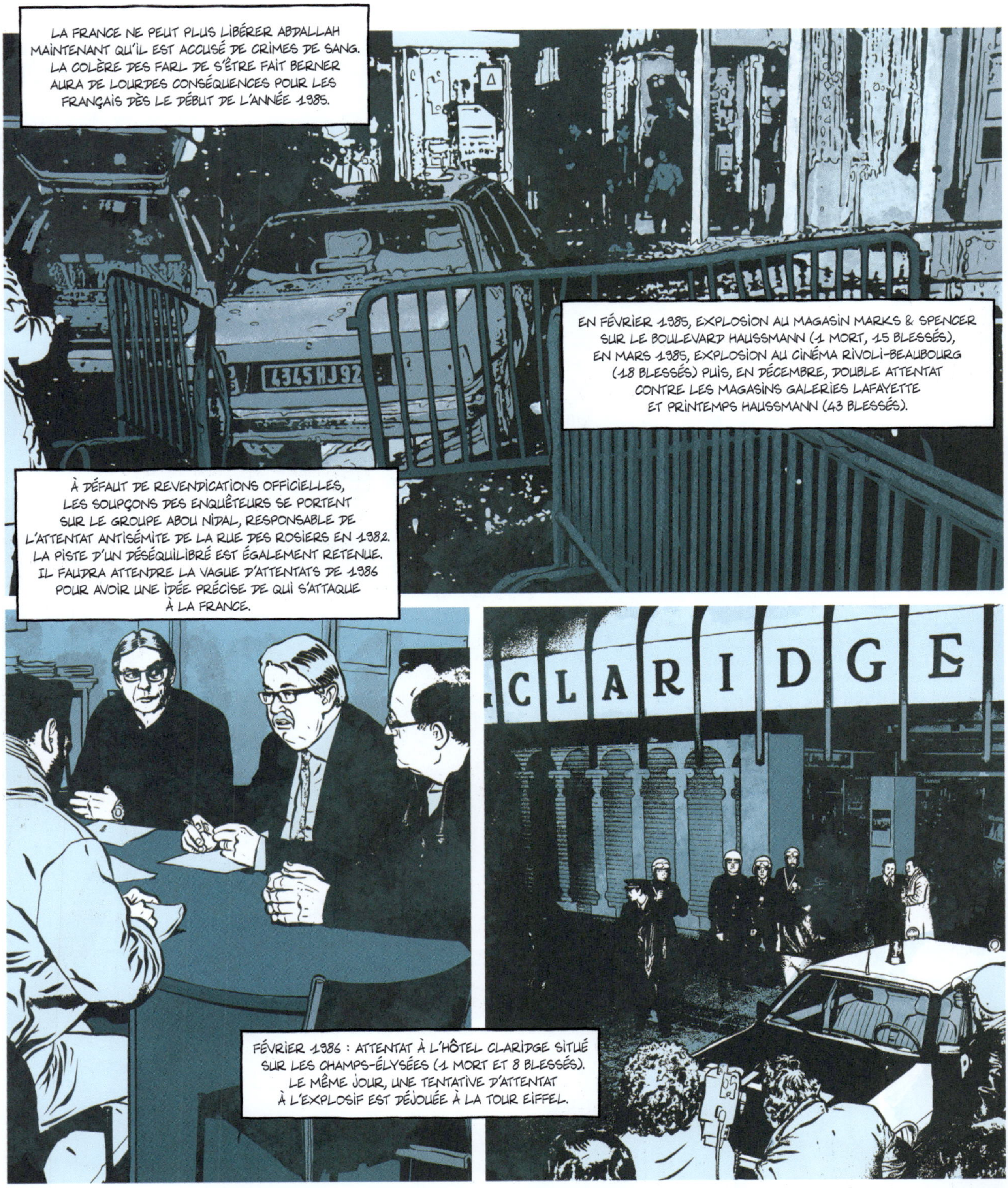
LA FRANCE NE PEUT PLUS LIBÉRER ABDALLAH MAINTENANT QU'IL EST ACCUSÉ DE CRIMES DE SANG. LA COLÈRE DES FARL DE S'ÊTRE FAIT BERNER AURA DE LOURDES CONSÉQUENCES POUR LES FRANÇAIS DÈS LE DÉBUT DE L'ANNÉE 1985.
4345 HJ 92
EN FÉVRIER 1985, EXPLOSION AU MAGASIN MARKS & SPENCER SUR LE BOULEVARD HAUSSMANN (1 MORT, 15 BLESSÉS), EN MARS 1985, EXPLOSION AU CINÉMA RIVOLI-BEAUBOURG (18 BLESSÉS) PUIS, EN DÉCEMBRE, DOUBLE ATTENTAT CONTRE LES MAGASINS GALERIES LAFAYETTE ET PRINTEMPS HAUSSMANN (43 BLESSÉS).
À DÉFAUT DE REVENDICATIONS OFFICIELLES, LES SOUPÇONS DES ENQUÊTEURS SE PORTENT SUR LE GROUPE ABOU NIDAL, RESPONSABLE DE L'ATTENTAT ANTISÉMITE DE LA RUE DES ROSIERS EN 1982. LA PISTE D'UN DÉSÉQUILIBRÉ EST ÉGALEMENT RETENUE. IL FAUDRA ATTENDRE LA VAGUE D'ATTENTATS DE 1986 POUR AVOIR UNE IDÉE PRÉCISE DE QUI S'ATTAQUE À LA FRANCE.
CLARIDGE
FÉVRIER 1986 : ATTENTAT À L'HÔTEL CLARIDGE SITUÉ SUR LES CHAMPS-ÉLYSÉES (1 MORT ET 8 BLESSÉS). LE MÊME JOUR, UNE TENTATIVE D'ATTENTAT À L'EXPLOSIF EST DÉJOUÉE À LA TOUR EIFFEL.
UNE EXPLOSION RAVAGE ENSUITE LA LIBRAIRIE GIBERT JEUNE DANS LE QUARTIER LATIN (5 BLESSÉS). LE MÊME MOIS DE FÉVRIER, UNE AUTRE EXPLOSION DEVANT LE MAGASIN FNAC SPORT DU FORUM DES HALLES FAIT 22 BLESSÉS.
27 · LIBRAIRIE GIBERT · 27

* NDA : IMAD MOUGHNIYÉ FUT ASSASSINÉ À DAMAS EN 2008 À QUELQUES PAS DU SIÈGE DES SERVICES DE RENSEIGNEMENT SYRIENS.

Chapitre 11

1985-1990

Culte de la personnalité
et
Pax Syriana au Liban

EN VUE DE L'ÉLECTION PRÉSIDENTIELLE DE 1985, LE RÉGIME BAASISTE SE LANCE DANS UNE CAMPAGNE DE PROPAGANDE DIGNE DE LA RUSSIE STALINIENNE. L'OBJECTIF EST DE MAINTENIR LE PRÉSIDENT ASSAD AU POUVOIR POUR UN NOUVEAU MANDAT DE SIX ANS.
حافظ الأسد
ودوره العسكري والسياسي في سورية
1985-1970
لمياء مالك عبدالكريم الشمري
أ.م.د. جبار درويش الشمري
LE CLAN ASSAD INSTAURE UN CULTE DE LA PERSONNALITÉ DONT L'ESTHÉTIQUE RAPPELLE CELLE DES DÉMOCRATIES POPULAIRES, À L'IMAGE DE CETTE IMMENSE FRESQUE RÉALISÉE PAR DES ARTISTES NORD-CORÉENS...
PARTOUT DANS LE PAYS SONT DÉPLOYÉS DES PORTRAITS GÉANTS DU « LION DE DAMAS ». ET D'IMPOSANTES STATUES POUSSENT JUSQUE DANS LES LOCALITÉS LES PLUS RECULÉES.
LE NOM DU PRÉSIDENT EST ATTRIBUÉ À DE MULTIPLES OUVRAGES D'ART, TELS DES PONTS SUR L'EUPHRATE ET LES ÉCOLIERS, EN UNIFORME MILITAIRE, SCANDENT : « ASSAD POUR L'ÉTERNITÉ ! »
DANS LES FAITS, CETTE ÉLECTION EST UN PLÉBISCITE PUISQUE ASSAD EST L'UNIQUE CANDIDAT À POUVOIR SE PRÉSENTER.

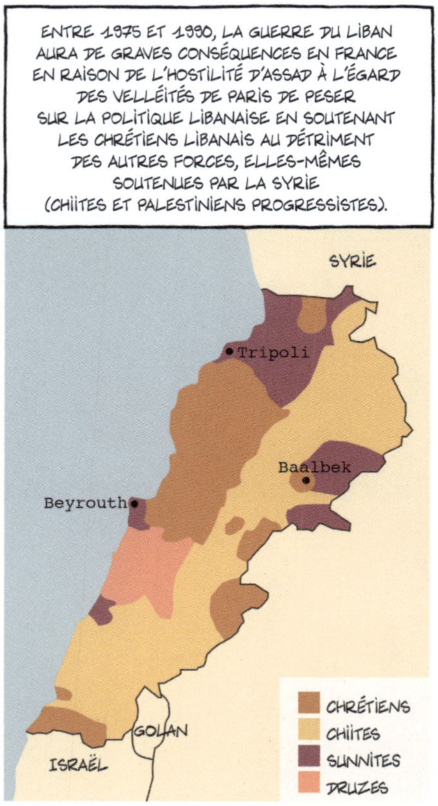

* DEPUIS, MICHEL AOUN EST RENTRÉ AU LIBAN ET, APRÈS S'ÊTRE ALLIÉ À SES ANCIENS ADVERSAIRES DU HEZBOLLAH CHIITE PROSYRIEN, IL EST DEVENU PRÉSIDENT DE LA RÉPUBLIQUE. POSTE QU'IL A OCCUPÉ JUSQU'EN OCTOBRE 2022.

IMPORTANT ÉVÉNEMENT À PRENDRE EN COMPTE, À L'ORÉE DES ANNÉES 1990 : LA CHUTE DU MUR DE BERLIN, QUI MÈNERA AU DÉMANTÈLEMENT DU PACTE DE VARSOVIE.
L'URSS, ALLIÉ INDÉFECTIBLE DE DAMAS DEPUIS L'ACCESSION AU POUVOIR D'HAFEZ EL-ASSAD, S'APPRÊTE À SOMBRER DANS UNE PÉRIODE DE TROUBLES INTERNES QUI VA LUI FAIRE OUBLIER LA DÉFENSE DE SES INTÉRÊTS AU PROCHE ET AU MOYEN-ORIENT.
ON VIENT PRÉVENIR LE VIEUX LION : LE MUR EST TOMBÉ ET LES AMÉRICAINS, AVEC BUSH, VEULENT LE METTRE AU PAS.
ASSAD EFFECTUE ALORS UN REVIREMENT GÉOSTRATÉGIQUE EN SOUTENANT LA COALITION MENÉE PAR LES ÉTATS-UNIS LORS DE LA PREMIÈRE GUERRE DU GOLFE EN 1991 ! GRÂCE À CETTE PRISE DE POSITION OPPORTUNISTE, IL ENTAME DES NÉGOCIATIONS DE PAIX - ELLES SERONT INFRUCTUEUSES - AVEC L'ENNEMI ISRAÉLIEN !
DAMAS SE REFAIT UNE VIRGINITÉ INTERNATIONALE ALORS QUE SON AUTORITÉ SUR LE LIBAN N'EST PLUS CONTESTÉE PAR LES GRANDES PUISSANCES OCCIDENTALES, ÉTATS-UNIS EN TÊTE. QUELLE REVANCHE !
L'OCCIDENT RENOUE DONC AVEC LE SANGUINAIRE ASSAD. LES ATTENTATS MEURTRIERS AU LIBAN CONTRE LES TROUPES AMÉRICAINES ET FRANÇAISES SONT PASSÉS PAR PERTES ET PROFITS. OUBLIÉS, AUSSI, L'ASSASSINAT EN 1981 DE L'AMBASSADEUR DE FRANCE AU LIBAN, LOUIS DELAMARE, OU CELUI DU SOCIOLOGUE MICHEL SEURAT !

LE RÊVE DU JEUNE ASSAD D'UNE « GRANDE SYRIE », QUI L'A POUSSÉ À S'ENGAGER EN POLITIQUE À 16 ANS, EST DEVENU UNE RÉALITÉ. UN GOUVERNEMENT PROSYRIEN SE MET EN PLACE À BEYROUTH DANS LE CADRE DU « PROTECTORAT » MILITAIRE DE FAIT, EXERCÉ PAR DAMAS SUR LA QUASI-TOTALITÉ DU TERRITOIRE.
INTERNATIONAL MEETING ON SYRIAN SETTLEMENT
Astana, January 23-24.
CONSÉQUENCE : LES DEUX PAYS SIGNENT UN TRAITÉ DE FRATERNITÉ, DE COORDINATION ET DE COOPÉRATION EN 1991. LA PAIX EST ENFIN LÀ ET LA RECONSTRUCTION DU LIBAN, SOUS TUTELLE SYRIENNE, PEUT COMMENCER.
LES MARONITES, CHASSÉS DU POUVOIR À LA SUITE DE L'EXIL DU GÉNÉRAL AOUN, SONT AMERS. MAIS BEAUCOUP D'ENTRE EUX RESPIRENT ENFIN : UNE PÉRIODE DE PAIX S'OUVRE POUR LES LIBANAIS, QUELLE QUE SOIT LEUR CONFESSION RELIGIEUSE.
DE NOMBREUSES FAMILLES MARONITES, RÉFUGIÉES EN FRANCE DEPUIS 1975, RETOURNENT À BEYROUTH. SOIT POUR TENTER D'Y RÉCUPÉRER LEURS BIENS, SOIT POUR Y INVESTIR UNE PARTIE DES AVOIRS QU'ILS AVAIENT EMPORTÉS AU DÉBUT DE LA GUERRE CIVILE, QUINZE ANS AUPARAVANT.
REVERS DE LA MÉDAILLE, UN ÉTAT SÉCURITAIRE ET POLICIER, INSPIRÉ DU RÉGIME AUTORITAIRE DE HAFEZ EL-ASSAD, SE MET EN PLACE AU LIBAN. TOUS CEUX QUI DÉPLAISENT À DAMAS SONT ÉLIMINÉS. EN 1994, LE LEADER DES FORCES LIBANAISES EST EMPRISONNÉ. LES OPPOSANTS À LA PRÉSENCE SYRIENNE DOIVENT DÉSORMAIS AGIR DANS LA CLANDESTINITÉ.
LES CHRÉTIENS MARONITES SONT DÉSORMAIS MARGINALISÉS MAIS REÇOIVENT L'APPUI DES DRUZES DIRIGÉS PAR WALID JOUMBLATT. ET, PLUS ÉTONNANT ENCORE, CELUI DU NOUVEAU PREMIER MINISTRE ISSU DES ÉLECTIONS DE 1992 : RAFIC HARIRI !

RAFIC HARIRI EST UN BUSINESSMAN LIBANAIS RICHISSIME D'ORIGINE SUNNITE. DEVENU PREMIER MINISTRE AVEC L'AVAL DE DAMAS, HARIRI FAIT DES APPELS DU PIED AUX CHRÉTIENS POUR QU'ILS PARTICIPENT EUX AUSSI AU GIGANTESQUE CHANTIER DE LA RECONSTRUCTION DE BEYROUTH, AVEC LA BÉNÉDICTION DE SON AMI, LE PRÉSIDENT JACQUES CHIRAC.
LE GÂTEAU À SE PARTAGER EST ASSEZ GROS POUR RENDRE TOUT LE MONDE HEUREUX. BUSINESS IS BUSINESS.
HARIRI ET CHIRAC SE SONT CONNUS VERS LA FIN DES ANNÉES 1970 À PARIS. LE PROMOTEUR IMMOBILIER LIBANAIS À LA TÊTE DE SA SOCIÉTÉ SAUDI OGER, DEVENU LE CONSTRUCTEUR DE LA FAMILLE ROYALE SAOUDIENNE, A DES SOUCIS AVEC LE FISC FRANÇAIS. IL REÇOIT ALORS UN MOT DE SOUTIEN DE L'ANCIEN PREMIER MINISTRE CHIRAC QUI SOUHAITE DEVENIR MAIRE DE PARIS.
LES DEUX HOMMES SE RENCONTRENT ET SYMPATHISENT. HARIRI PARTICIPE ALORS FINANCIÈREMENT À LA CAMPAGNE POUR L'HÔTEL DE VILLE PUIS, EN 1981, À CELLE DU PREMIER TOUR DE L'ÉLECTION PRÉSIDENTIELLE.
EN RETOUR, HARIRI AURA DES « FACILITÉS » POUR INVESTIR DANS DE GIGANTESQUES OPÉRATIONS IMMOBILIÈRES PARISIENNES : LES ZAC PARIS-PORTE MAILLOT ET CITROËN. DEUX GRANDS PROJETS DE RÉNOVATION URBAINE QUI PRÉFIGURENT LE GIGANTESQUE CHANTIER DE LA RECONSTRUCTION DU CENTRE DE BEYROUTH.
MAIS L'AMITIÉ ENTRE LES DEUX HOMMES NE SE LIMITE PAS AUX « AFFAIRES » : LORSQUE LA FILLE DES CHIRAC PLONGERA DANS UNE GRAVE DÉPRESSION, HARIRI L'EMMÈNERA DANS SON JET PRIVÉ CONSULTER DES PONTES NORD-AMÉRICAINS.
CELUI QUE LES PROCHES DE CHIRAC SURNOMMENT « TRAFIC HARIRI » SERA UN INDÉFECTIBLE AMI : CHACUN DES DEUX HOMMES SOUTIENDRA TOUJOURS L'AUTRE LORS DE TRAVERSÉES DU DÉSERT PARFOIS DOULOUREUSES.

Chapitre 12

1991-1994

Les dérives dynastiques des Assad

TOUT SEMBLE ALLER POUR LE MIEUX DANS LE MEILLEUR DES MONDES POUR HAFEZ EL-ASSAD. IL ABORDE AVEC SATISFACTION SES VINGT-CINQ ANS DE RÈGNE SANS PARTAGE SUR LA SYRIE EN POSANT AU MILIEU DE SON CLAN FAMILIAL.
DEPUIS SON RALLIEMENT À LA COALITION INTERNATIONALE CONTRE SON VOISIN BAASISTE IRAKIEN, « LE LION » EST DEVENU INCONTOURNABLE DANS LA RÉGION.
IL EST LE SEUL PARTENAIRE ARABE DE TÉHÉRAN...
Téhéran
Beyrouth
LIBAN
SYRIE
Damas
IRAK
Bagdad
IRAN
Mer Méditerranée
RIYAD ET SES ALLIÉS LE SOUTIENNENT GÉNÉREUSEMENT DEPUIS SON ALIGNEMENT SUR WASHINGTON...
Golf Persique
Ryad
ARABIE SAOUDITE
LE LIBAN EST DÉSORMAIS À SA BOTTE...
ET L'OPPOSITION INTERNE DES FRÈRES MUSULMANS A ÉTÉ DÛMENT ÉRADIQUÉE DEPUIS LA RÉVOLTE DE HAMA RÉPRIMÉE PAR SON FRÈRE, RIFAAT.
IL FAUT NOTER QUE LA MANNE FINANCIÈRE DES MONARCHIES DU GOLFE SE DÉVERSE DANS L'ÉCONOMIE SYRIENNE POUR LE PLUS GRAND PROFIT DE SON CLAN, QUI NE CESSE DE S'ENRICHIR. UN NÉPOTISME QUI PERDURE DE NOS JOURS, COMME NOUS LE VERRONS PLUS LOIN.
SÛR DE SA PUISSANCE, ASSAD SE PROCLAME DEVANT LE MONDE ENTIER COMME « LE SEUL GARANT DE LA STABILITÉ AU PROCHE-ORIENT » !

SUR LE PLAN INTÉRIEUR, LE LEADER SYRIEN A PENSÉ À SA SUCCESSION DÈS LE MILIEU DES ANNÉES 1980. PROVOQUANT LA COLÈRE DE SON FRÈRE RIFAAT QU'IL A EXILÉ EN EUROPE, HAFEZ AVAIT DÉSIGNÉ SON FILS AÎNÉ BASSEL COMME SON HÉRITIER DYNASTIQUE.
LE PRÉSIDENT SYRIEN A TOTALEMENT PERSONNALISÉ LE RÉGIME DEPUIS SON ACCESSION AU POUVOIR. LA DEVISE À DAMAS EST : « ASSAD OU PERSONNE. »
QUANT À « L'HÉRITIER », IL EST À LA TÊTE DE LA GARDE PRÉSIDENTIELLE ET MÈNE UNE VIE DE PLAY-BOY AU VOLANT DE BOLIDES DE LUXE.
POUR LE COMMUN DES MORTELS, BASSEL EST UNE SORTE DE HÉROS QU'IL EST BON D'ADORER POUR SA PROPRE SÉCURITÉ.
IL EST DIFFICILE DE NE PAS PENSER À LUI : SON PORTRAIT ORNE TOUTES LES RUES DE DAMAS !

JE VAIS MAINTENANT VOUS CONTER L'HISTOIRE QUI EST ARRIVÉE À UN JEUNE SYRIEN PASSIONNÉ DE CHEVAUX ET CAVALIER DANS L'ÂME. À L'INSTAR DE L'HÉRITIER DU RÉGIME, BASSEL EL-ASSAD.
ABBAS EST UN EXCELLENT CAVALIER ET IL TIENT TOUJOURS À LE PROUVER. JUSTEMENT, UNE COURSE PRESTIGIEUSE DOIT SE TENIR NON LOIN DE DAMAS.
ABBAS S'Y PRÉSENTE ET SE RETROUVE À AFFRONTER DIVERS CAVALIERS AUSSI ENRAGÉS QUE LUI À ARRACHER LA VICTOIRE.
L'ÉPREUVE EST RUDE DANS LE DÉSERT ET COMPORTE DE NOMBREUX PIÈGES. MAIS LE PLUS REDOUTABLE N'EST PAS CELUI QUE CROIT ABBAS, QUI REMPORTE LA COURSE.
UN AGENT DE LA DGSE, SOUS COUVERTURE DIPLOMATIQUE, ASSISTE À LA REMISE DES TROPHÉES. IL SAIT QUE CELA NE VA PAS BIEN SE PASSER...

APRÈS AVOIR REMPORTÉ LA COURSE, DANS UN SILENCE GLACIAL, ABBAS EST ROUÉ DE COUPS PAR UN AUTRE CONCURRENT, IVRE DE RAGE.
C'EST À CE MOMENT-LÀ QU'IL RECONNAÎT L'HOMME QUI L'AGRESSE DANS L'INDIFFÉRENCE GÉNÉRALE : IL S'AGIT DU FILS AÎNÉ DU PRÉSIDENT SYRIEN : BASSEL EL-ASSAD ! ENSUITE, CE DERNIER VA SALUER LE DIPLOMATE FRANÇAIS, INDIFFÉRENT AU TYPE QU'IL VIENT DE ROSSER.
« BERNARD ! J'AI VU VOTRE JOYAU AUX ÉCURIES. JE SUIS JALOUX. VOTRE PUR-SANG EST SPLENDIDE ! »
ME FERIEZ-VOUS L'HONNEUR DE LE MONTER, BASSEL ?
VOUS ME GÂTEZ, MON AMI FRANÇAIS. NOUS PARTAGEONS LA MÊME PASSION DE L'ÉQUITATION. VOTRE GOUVERNEMENT A BIEN FAIT DE VOUS NOMMER À DAMAS !

* AFP, « UN CAVALIER AYANT BATTU LE FRÈRE DE ASSAD LIBÉRÉ 21 ANS PLUS TARD », L'ORIENT-LE JOUR, 15 JUIN 2014.

Chapitre 13

1994-1999

**L'héritier est mort,
vive le nouvel héritier !**

TANDIS QUE LE TIMIDE BACHAR POURSUIT SES ÉTUDES D'OPHTALMOLOGIE EN VIVANT COMME UN RECLUS À LONDRES, UN ÉVÉNEMENT INATTENDU VA BOULEVERSER L'ORDRE DE SUCCESSION DYNASTIQUE PRÉVU PAR LE PRÉSIDENT ASSAD. UN BANAL FAIT DIVERS QUI EXPLIQUERAIT LA LONGÉVITÉ DU SANGLANT CONFLIT SYRIEN QUI PERDURE DE NOS JOURS...
JANVIER 1994, DAMAS.
NE ME TOUCHEZ PAS ! VOUS SAVEZ QUI JE SUIS ?
OUI... ON TE SURNOMME « L'EXEMPLE » !
OUI ! L'EXEMPLE D'UNE NATION ET LE FUTUR PRÉSIDENT !

VROOOOAAAAAAAAARR
CCRRAAABAAAAAAAAMM !!
BASSEL N'EST PLUS.
CERTAINES MAUVAISES LANGUES VOIENT LA MAIN DE L'ONCLE RIFAAT OU DU BEAU-FRÈRE, ASSEF CHAWKAT, DERRIÈRE CET ACCIDENT...
BACHAR N'OUBLIERA JAMAIS CE JOUR DE JANVIER. C'EST CELUI DE LA FIN DU RÊVE DE SA VIE : PRATIQUER L'OPHTALMOLOGIE LIBÉRALE À LONDRES !

* MÉLODIE LE HAY, « BACHAR EL-ASSAD : UN HOMME À DEUX VISAGES », *LES CLÉS DU MOYEN-ORIENT*, 8 AVRIL 2014.

** MÉLODIE LE HAY, *IBID*.

LE QUOTIDIEN DU JEUNE HOMME VA ÊTRE CHAMBOULÉ. FINIE LA MÉDECINE, IL DOIT MAINTENANT APPRENDRE LE MÉTIER DES ARMES. EN MODE ACCÉLÉRÉ.
BACHAR INTÈGRE L'ACADÉMIE MILITAIRE DE HOMS, PUIS S'ENSUIVRONT QUATRE ANNÉES QUI LE VERRONT PASSER DU GRADE DE CHEF DE BATAILLON D'UNE UNITÉ DE CHARS À CELUI DE COLONEL DE L'ARMÉE DE L'AIR.
EN PARALLÈLE, LA PROPAGANDE OFFICIELLE FAIT DÉCOUVRIR LE NOUVEL HÉRITIER À LA POPULATION SYRIENNE, QUI NE LE CONNAÎT PAS. PEU À PEU, LE VISAGE DE BACHAR DEVIENT FAMILIER AUX SYRIENS HABITUÉS À NE VOIR QUE CEUX DE HAFEZ ET, SURTOUT, DE FEU BASSEL.
SON PORTRAIT COMMENCE À S'ÉTALER SUR LES MURS ET AUX CARREFOURS DE DAMAS, MAIS LE JEUNE BACHAR N'A ENCORE AUCUNE VISIBILITÉ HORS DES FRONTIÈRES SYRIENNES, AU CONTRAIRE DE SON PÈRE TOUT-PUISSANT.
ASSAD FAIT ALORS VENIR D'URGENCE RAFIC HARIRI À SON PALAIS DE DAMAS. LE PREMIER MINISTRE LIBANAIS ACCOURT IMMÉDIATEMENT ET ÉCOUTE CE QUE LE VIEUX PRÉSIDENT SOUHAITE LUI DIRE. IL EST STUPÉFAIT, MAIS NE PEUT RIEN REFUSER AU PRÉSIDENT SYRIEN DONT L'ARMÉE OCCUPE LA QUASI-TOTALITÉ DE SON PAYS.

SEPTEMBRE 1999, PROPRIÉTÉ PARISIENNE DE RAFIC HARIRI.
TU ES CERTAIN DE CE QUE TU ME RACONTES, RAFIC ? CE SALOPARD EST PRÊT À DES CONCESSIONS ? CELA M'ÉTONNE D'EL-ASSAD !
« TU PEUX ME CROIRE, JACQUES ! HAFEZ ÉTAIT À MES CÔTÉS COMME TOI EN CE MOMENT. IL SEMBLE AVOIR PRIS UN COUP DE VIEUX DEPUIS QUELQUES MOIS MAIS IL A ÉTÉ CLAIR AVEC MOI. IL VOUDRAIT QUE TU CHAPERONNES SON FILS SUR LA SCÈNE INTERNATIONALE ! »
RIEN QUE ÇA ! IL NE MANQUE PAS DE TOUPET APRÈS TOUT CE QU'IL A PU NOUS EN FAIRE BAVER DEPUIS DES ANNÉES...
JE LE SAIS, MON AMI, MAIS IL DEMEURE LE MAÎTRE DE MON PAYS ET JE DOIS PENSER AU BONHEUR DES LIBANAIS DEPUIS QUE LA PAIX A ÉTÉ SIGNÉE. ET TU L'AS BIEN FAIT POUR LE FILS D'HASSAN II ! C'EST BIEN TOI, PRÉSIDENT DE LA RÉPUBLIQUE FRANÇAISE, QUI AS INVITÉ EN VISITE OFFICIELLE LE FUTUR MOHAMMED VI !
TU M'AS CONVAINCU, RAFIC. CE JEUNE HOMME EST L'AVENIR DE SON PAYS ET IL PEUT APPORTER BEAUCOUP DE CHANGEMENTS, LE JOUR VENU. IL NE SEMBLE PAS ÊTRE DE LA MÊME ÉTOFFE QUE SON PÈRE, ALORS IL FAUT LE SOUTENIR. LA FRANCE S'EN CHARGERA. POUR ELLE ET POUR LE LIBAN !
CHIRAC A BIEN CONNU LA GUERRE DE L'OMBRE MENÉE PAR LA FRANCE CONTRE LES SERVICES SECRETS SYRIENS DE HAFEZ LORSQU'IL ÉTAIT LE PREMIER MINISTRE DE FRANÇOIS MITTERRAND AU MILIEU DES ANNÉES 1980. POUR L'HEURE, CETTE PÉRIODE DE VIVE TENSION AVEC DAMAS SEMBLE RÉVOLUE, AU POINT QUE PARIS VEUT SE METTRE EN QUATRE POUR PLAIRE AUX ASSAD. OFFICIELLEMENT ET OFFICIEUSEMENT.

QUELQUES SEMAINES PLUS TARD, SOUK DE DAMAS.
« BONJOUR, GÉNÉRAL KARIM. C'EST TOUJOURS UN PLAISIR DE VOUS REVOIR. »
« SOYEZ PLUS DISCRET, ALEXANDRE. PASSONS PLUTÔT DANS L'ARRIÈRE-BOUTIQUE. »
« QUOI ? VOUS POUVEZ RÉPÉTER ? »
HAFEZ EST GRAVEMENT MALADE ! DEUX SPÉCIALISTES EUROPÉENS SE RELAIENT À SES CÔTÉS. JE VOUS DIS QU'IL N'EN A PLUS POUR LONGTEMPS...
IL A UN CANCER EN STADE TERMINAL MAIS PEU DE PERSONNES SONT AU COURANT, À PART LA FAMILLE. ET L'AMBIANCE N'EST PAS TERRIBLE AU PALAIS PRÉSIDENTIEL. JE DIRAIS MÊME QUE LES FAUVES S'ENTRE-DÉCHIRENT DÉJÀ À L'ODEUR DU SANG.
RIEN NE BOUGERA TANT QUE LE VIEUX LION SERA TOUJOURS VIVANT, MAIS JE VEUX QUE VOUS PRÉVENIEZ PARIS QU'AU SEIN DE L'ARMÉE ET DE LA COMMUNAUTÉ ALAOUITE, BEAUCOUP CONSIDÈRENT QUE LE JEUNE HOMME NE SERA QU'UN PIÈTRE REMPART FACE À LA MAJORITÉ SUNNITE QUI NE RÊVE QUE DE REVANCHE DEPUIS LA PRISE DE POUVOIR D'HAFEZ EN 1970.
LE FRÈRE CADET, MAHER, CHEF DE LA GARDE RÉPUBLICAINE ET DE LA 4E DIVISION BLINDÉE, SE MÉFIE DE SON BEAU-FRÈRE ASSEF CHAWKAT QUI DIRIGE LES RENSEIGNEMENTS MILITAIRES DE L'ARMÉE. IL VOIT D'UN MAUVAIS ŒIL L'INFLUENCE GRANDISSANTE DE CE DERNIER OBTENUE DANS L'OMBRE PAR SA SŒUR, À QUI SON PÈRE NE SAIT RIEN REFUSER.
« IL FAUT QUE J'ENVOIE CES INFOS À LA BOÎTE* AU PLUS VITE. »

* LA DGSE.

OCTOBRE 1999, DAMAS, PALAIS PRÉSIDENTIEL DU MONT MEZZEH.
LE SANG VIENT DE COULER PARMI LE CLAN ASSAD, UNE PREMIÈRE EN PRÈS DE TRENTE ANS DE RÈGNE DU VIEUX LION, HAFEZ. CE JOUR-LÀ, SON FILS CADET, MAHER, REVIENT DE BEYROUTH DE FAÇON PRÉCIPITÉE.
LE COMMANDANT DE LA 4E DIVISION BLINDÉE ET PATRON DE LA GARDE PRÉSIDENTIELLE, LES PRÉTORIENS DU RÉGIME, VIENT D'EN ÊTRE EXFILTRÉ PAR SES GARDES DU CORPS ET CEUX DE SON BEAU-FRÈRE, ASSEF CHAWKAT, QUI L'Y AURAIT ACCOMPAGNÉ POUR LE SURVEILLER, SELON CERTAINS.
EMMENEZ CE CHIEN À L'HÔPITAL DU PALAIS ! MOI, JE M'EN VAIS VOIR MON PÈRE !
MAHER ! QUE S'EST-IL PASSÉ ? ASSEF NE RÉPOND PAS À MES APPELS !
« IL N'A EU QUE CE QU'IL MÉRITAIT, MA SŒUR ! JAMAIS TU N'AURAIS DÛ ÉPOUSER CE PAYSAN ! »
« QU'AS-TU FAIT, MON FILS ? QUE CROIS-TU QUE VA DIRE TON PÈRE ? ASSEF EST UN DE NOS PLUS FIDÈLES SOUTIENS ET IL FAIT DÉSORMAIS PARTIE DE LA FAMILLE. »
« PAPA N'AIME PAS PLUS ASSEF CHAWKAT QUE MON REGRETTÉ FRÈRE. TU SAIS BIEN QUE BASSEL NE VOULAIT PAS DE CE MARIAGE ! IL NE LE JUGEAIT PAS DIGNE D'ÊTRE DES NÔTRES. SES PARENTS NE SONT MÊME PAS ALAOUITES ! »
ASSEF EST MON PLUS FIDÈLE CONSEILLER. POURQUOI M'AVOIR FAIT ÇA, MAHER ? TU VEUX PEUT-ÊTRE PRENDRE MA PLACE ? ET SI ON ALLAIT VOIR PAPA TOUS LES DEUX ?

QUELQUES HEURES PLUS TARD, PARIS, PALAIS DE L'ÉLYSÉE.
FAITES-LE ENTRER, MARTINE, ET BLOQUEZ TOUS MES APPELS PENDANT UNE DEMI-HEURE !
« C'EST QUOI CE FOUTOIR, GÉNÉRAL ? LA DGSE EST SÛRE DE SES SOURCES ? »
SECURITE NATIONALE
Classification
SECRET DÉFENSE
« OUI, MONSIEUR. LE FILS CADET D'ASSAD, SANS DOUTE IVRE, A TIRÉ À PLUSIEURS REPRISES SUR SON BEAU-FRÈRE DANS UN NIGHT-CLUB DE BEYROUTH LA NUIT DERNIÈRE. CHAWKAT DIRIGE LES SERVICES DE RENSEIGNEMENT DE L'ARMÉE ET CONSEILLE LE FUTUR PRÉSIDENT. »
LE JEUNE BACHAR, QUE JE REÇOIS À L'ÉLYSÉE LA SEMAINE PROCHAINE AFIN DE L'INTRONISER SUR LA SCÈNE INTERNATIONALE, COMME JE L'AI FAIT POUR LE FILS DE HASSAN II.
BACHAR DEMANDE QUE CHAWKAT SOIT SOIGNÉ AU VAL-DE-GRÂCE. IL CRAINT POUR SA VIE S'IL RESTE À DAMAS !
IL M'EMMERDE, LE GAMIN, MAIS JE SUIS D'ACCORD. FAITES ÇA DISCRÈTEMENT, GÉNÉRAL.

Chapitre 14

2000-2004

**Bachar président,
une nouvelle ère ?**

EN MAI 2000, LES TROUPES ISRAÉLIENNES SE RETIRENT DU SUD LIBAN, LAISSANT LES TROUPES DE L'ALS SEULES FACE AU HEZBOLLAH CHIITE. LES CHRÉTIENS LIBANAIS FUIENT EN MASSE, MAIS LE GRAND AMI DU PRÉSIDENT CHIRAC, LE PREMIER MINISTRE RAFIC HARIRI, FAIT UN GESTE AFIN D'ÉVITER UN NOUVEAU MASSACRE INTERCONFESSIONNEL.
LE HEZBOLLAH NE SERA PAS DÉSARMÉ PAR LES FORCES D'OCCUPATION SYRIENNES À CONDITION QUE LES COMBATTANTS CHIITES ENVOIENT LEURS ROQUETTES UNIQUEMENT SUR L'ÉTAT HÉBREU (CE QUI CONDUIRA À LA GUERRE DE 2006).
UN MOIS PLUS TARD, LA NOUVELLE DE LA MORT DU « VIEUX LION » EST ANNONCÉE OFFICIELLEMENT. APRÈS TRENTE ANNÉES DE POUVOIR AUTOCRATIQUE, CET HOMME QUI A DURABLEMENT MARQUÉ L'HISTOIRE CONTEMPORAINE DU PROCHE-ORIENT LAISSE SON PAYS À UN HÉRITIER QUI SEMBLE TIMIDE ET EFFACÉ ET EN QUI PAS GRAND MONDE N'A CONFIANCE.
IRONIE DES RELATIONS ENTRE PARIS ET DAMAS, JACQUES CHIRAC SERA LE SEUL CHEF D'ÉTAT OCCIDENTAL À ASSISTER AUX FUNÉRAILLES DE CELUI QUI FUT CONSIDÉRÉ COMME UN DES PARRAINS DU TERRORISME INTERNATIONAL, À L'ÉGAL DE KADHAFI EN LIBYE.
LE PRÉSIDENT DE LA RÉPUBLIQUE Y RÉAFFIRMERA SON SOUHAIT QUE LA SYRIE PERSÉVÈRE « DANS SON ENGAGEMENT EN FAVEUR D'UNE PAIX GLOBALE, JUSTE ET DURABLE » AU PROCHE-ORIENT. AVEC CHIRAC, LA FRANCE CONTINUE DE VEILLER SUR LE LIBAN.

* JEAN-PIERRE FILIU, HISTORIEN ET ARABISANT, DANS « LES LEÇONS DU SCANDALE ASSAD », 29 AVRIL 2018, WWW.LEMONDE.FR/BLOG/FILIU.

LE PRÉSIDENT FRANÇAIS NE JURE QUE PAR CE QUE LUI DIT HARIRI. IL A LE SENTIMENT D'ÊTRE LE SEUL À BIEN COMPRENDRE LA COMPLEXE SITUATION LIBANAISE GRÂCE À SON AMI SUNNITE QUI LUI OUVRE D'AUTRES ANALYSES ET PERSPECTIVES QUE CELLES DES MARONITES (CHRÉTIENS) TRADITIONNELLEMENT SOUTENUS PAR PARIS.
DE PLUS, HARIRI DOIT SA FORTUNE AUX SAOUDIENS ET NON AUX ASSAD, MÊME S'IL OBÉIT LE PLUS SOUVENT AUX INJONCTIONS DE CES DERNIERS LORSQU'IL EST CONVOQUÉ AU PALAIS PRÉSIDENTIEL À DAMAS À TOUTE HEURE DU JOUR OU DE LA NUIT.
POUR L'HEURE, JACQUES CHIRAC EST AGACÉ : LE JEUNE BACHAR ŒUVRE EN COULISSES POUR FAIRE RÉÉLIRE ÉMILE LAHOUD, « SON » CANDIDAT À LA PRÉSIDENCE DU LIBAN, ALORS QUE PARIS EN PRÉFÈRE UN AUTRE SUR LES CONSEILS DE RAFIC HARIRI.
LA RIPOSTE DE CHIRAC NE VA PRENDRE QUE QUELQUES SEMAINES : IL S'ENTRETIENT AVEC GEORGE W. BUSH, EN MARGE DES COMMÉMORATIONS DU 80E ANNIVERSAIRE DU DÉBARQUEMENT EN NORMANDIE...
... ET LANCE, AVEC SON HOMOLOGUE NORD-AMÉRICAIN, UNE INITIATIVE DIPLOMATIQUE QUI VA ABOUTIR À LA RÉSOLUTION 1559 DE L'ONU DIRIGÉE CONTRE LA SYRIE DE BACHAR EL-ASSAD.
LE TEXTE ADOPTÉ EXIGE LE RETRAIT DES 15 000 SOLDATS SYRIENS DU LIBAN ET LA FIN DE L'INGÉRENCE DE DAMAS DANS CE PAYS ! NOUS ALLONS VOIR COMMENT ET POURQUOI, LE DÉPART DES TROUPES DE DAMAS SERA EFFECTIF QUELQUES MOIS PLUS TARD.

DANS LES FAITS, DEPUIS 1975, LES DIFFÉRENTS GOUVERNEMENTS FRANÇAIS ONT DÛ ACCEPTER QUE LA SYRIE DISPOSE D'UN « DROIT DE REGARD » SUR LES AFFAIRES LIBANAISES, CE QUE LE PRÉSIDENT ASSAD N'A EU DE CESSE DE RAPPELER À LA FRANCE À SA FAÇON, VIA DES ATTENTATS OU DES ENLÈVEMENTS DE RESSORTISSANTS FRANÇAIS.
TRENTE ANS PLUS TARD, PARIS FAIT DONC SAVOIR À DAMAS, VIA LA RÉSOLUTION 1559 DE L'ONU, QUE LE LIBAN NE SERA JAMAIS PARTIE INTÉGRANTE DE LA GRANDE SYRIE. UNE VÉRITABLE « DÉCLARATION DE GUERRE », POUR DAMAS !
BIEN ÉVIDEMMENT, LA RIPOSTE SYRIENNE NE TARDE PAS. TEL PÈRE, TEL FILS, POURRAIT-ON DIRE. BACHAR REPREND LES BONNES VIEILLES MÉTHODES DE SON PÈRE, POUSSÉ EN CELA PAR LE CLAN FAMILIAL DIRIGÉ PAR SA MÈRE, ANISSA.
TOUT D'ABORD, SUR LE PLAN INTÉRIEUR, IL RÉPRIME DUREMENT LES INTELLECTUELS ET LES ÉTUDIANTS QUI ONT SIGNÉ UNE PÉTITION EN FAVEUR DE LA DÉMOCRATIE ET DE LA LIBERTÉ AU LIBAN.
IL AGIT ENSUITE HORS DE SES FRONTIÈRES CONTRE SES ENNEMIS. ET C'EST LÀ QUE SON BEAU-FRÈRE, QUI DIRIGE LES SERVICES DE RENSEIGNEMENT DE L'ARMÉE, VA FAIRE MERVEILLE.
ASSEF CHAWQAT, LE PLUS PROCHE CONSEILLER DE BACHAR EN MATIÈRE DE SÉCURITÉ, VA TIRER LES FICELLES D'UN NOUVEL ATTENTAT QUI PROVOQUERA UNE ONDE DE CHOC DANS LES RELATIONS ENTRE PARIS ET DAMAS.

12 H 53, LUNDI 14 FÉVRIER 2005, BEYROUTH.
LE CONVOI DU PREMIER MINISTRE HARIRI VIENT D'ÊTRE SOUFFLÉ PAR L'ÉNORME EXPLOSION (SELON LES NORMES LOCALES) QUI A SECOUÉ BEYROUTH. LA VOITURE BLINDÉE N'A PAS RÉSISTÉ AUX DEUX TONNES D'EXPLOSIFS UTILISÉS LORS DE CET ATTENTAT-SUICIDE. L'HOMME FORT DU PAYS EST MORT AVEC UNE VINGTAINE D'AUTRES PERSONNES. IL AVAIT 60 ANS. UNE CENTAINE DE PASSANTS ONT ÉTÉ ÉGALEMENT GRAVEMENT BLESSÉS.
L'AMBIANCE EST ORAGEUSE À L'ÉLYSÉE. LE PRÉSIDENT CHIRAC NE DÉCOLÈRE PAS. BACHAR, QU'IL A PORTÉ SUR LES FONTS BAPTISMAUX DE LA SCÈNE INTERNATIONALE ET DONT LES TROUPES OCCUPENT ENCORE LE LIBAN, VIENT DE FAIRE ASSASSINER SON AMI RAFIC HARIRI !
IL CONVOQUE SÉANCE TENANTE SES PRINCIPAUX MINISTRES ET CONSEILLERS. LES ORDRES SONT CLAIRS : ILS DOIVENT ISOLER DIPLOMATIQUEMENT LA SYRIE !

* OÙ EST BASÉ LE GAM-56 VAUCLUSE, UNITÉ DE TRANSPORT ET DE LIAISON DE LA DIRECTION GÉNÉRALE DE LA SÉCURITÉ EXTÉRIEURE (DGSE).

** SIX MOIS PLUS TARD, SAAD SERA D'AILLEURS ACCOMPAGNÉ DE POLICIERS DU GROUPE DE PROTECTION DES HAUTES PERSONNALITÉS LORSQU'IL RETOURNERA AU LIBAN POUR SE LANCER EN POLITIQUE SUR LES TRACES DE SON PÈRE.

Chapitre 15

2005

Chirac veut la peau de Bachar

LE PRÉSIDENT FRANÇAIS SAIT QUE DAMAS EST DERRIÈRE CET ATTENTAT ET CEUX QUI AURONT LIEU DANS LES SEMAINES ET LES MOIS QUI SUIVENT SUR LE SOL LIBANAIS.
Amitié Eternelle
PRESS
ASSASSINATS DE JOURNALISTES CRITIQUANT DAMAS…
… DE DÉPUTÉS ANTI-SYRIENS CHRÉTIENS OU MUSULMANS…
… DE MILITANTS POLITIQUES OPPOSÉS À LA PRÉSENCE SYRIENNE AU LIBAN…
… PUIS DE PIERRE GEMAYEL, MINISTRE DE L'INDUSTRIE ET NEVEU D'UN PRÉSIDENT LIBANAIS QUI AVAIT AUSSI ÉTÉ VICTIME D'UN ATTENTAT MORTEL EN 1982…
… BACHIR GEMAYEL, LE FAROUCHE OPPOSANT DE TOUJOURS À HAFEZ, LE PÈRE DE BACHAR !

* EN DÉCEMBRE 2005, L'ANCIEN VICE-PRÉSIDENT SYRIEN ABDEL HALIM KHADDAM CONFIRMERA CES ACCUSATIONS AUPRÈS DE LA COMMISSION D'ENQUÊTE DE L'ONU.

LA MORT DE RAFIC HARIRI A UNE CONSÉQUENCE INATTENDUE POUR DAMAS. QUELQUES SEMAINES PLUS TARD, PLUS D'UN MILLION DE LIBANAIS, SOIT UN LIBANAIS SUR QUATRE, DESCENDENT DANS LA RUE POUR RÉCLAMER JUSTICE ET EXIGER LE DÉPART DES TROUPES SYRIENNES.
100 %
لبنانية
C'EST LA PREMIÈRE MOBILISATION DU GENRE DANS L'HISTOIRE DU PAYS.
LA « RÉVOLUTION DU CÈDRE », QUI RASSEMBLE CHRÉTIENS ET MUSULMANS, ABOUTIRA AU RETRAIT DES SOLDATS SYRIENS APRÈS 29 ANNÉES D'OCCUPATION.
MAIS LE PRÉSIDENT CHIRAC EST BIEN DÉCIDÉ À NE PAS EN RESTER LÀ. IL VEUT FAIRE MORDRE LA POUSSIÈRE AU JEUNE BACHAR ! PARIS IMPOSE DES SANCTIONS COMMERCIALES À LA SYRIE ALORS QUE WASHINGTON « GÈLE » LES AVOIRS DE DIGNITAIRES DU RÉGIME SOUPÇONNÉS D'AVOIR TREMPÉ DANS LE COMPLOT CONTRE HARIRI.
PARMI EUX, LE BEAU-FRÈRE DE BACHAR, ASSEF CHAWKAT, ET LE FRÈRE CADET DU PRÉSIDENT, MAHER. SOIT LE CHEF DES SERVICES DE RENSEIGNEMENT DE L'ARMÉE ET LE PATRON DE LA GARDE RÉPUBLICAINE ET DE LA 4E DIVISION BLINDÉE, DEUX UNITÉS D'ÉLITE QUI PROTÈGENT DAMAS.
UN AUTRE DIGNITAIRE IMPORTANT DU RÉGIME SYRIEN, QUE NOUS AVONS DÉJÀ CROISÉ DURANT LES ANNÉES 1980, EST AUSSI SOUS LES FEUX DE LA RAMPE : LE GÉNÉRAL GHAZI KANAAN...

* L'ALLEMAND DETLEV MEHLIS DIRIGERA LA MISSION D'ENQUÊTE DE L'ONU ET CONCLURA À DES « PREUVES CONVERGENTES » SUR L'IMPLICATION DES SERVICES DE RENSEIGNEMENT SYRIENS ET LIBANAIS DANS L'ASSASSINAT DE RAFIC HARIRI.

IL TENTE NÉANMOINS DE LE FAIRE, MAIS IL PARLE TROP ET MET EN CAUSE DEUX MEMBRES DU CLAN FAMILIAL DES ASSAD !
LE LIMIER DES NATIONS UNIES COMPTE SUR SON TÉMOIGNAGE, DANS LE CADRE DU PROCÈS À VENIR, POUR METTRE EN CAUSE DAMAS DANS LA MORT DE HARIRI.
PAW PAW !!
KANAAN, FIDÈLE SERVITEUR D'HAFEZ EL-ASSAD, N'APPRÉCIE GUÈRE NI BACHAR, NI SON FRÈRE MAHER, NI SON BEAU-FRÈRE ASSEF. ET CE SONT LEURS NOMS QUI APPARAÎSSENT DANS LE RAPPORT D'ENQUÊTE ONUSIEN QUI VA BIENTÔT ÊTRE PUBLIÉ.
CELA POURRAIT DÉCLENCHER UN SÉISME POLITIQUE AU SOMMET DE L'ÉTAT SYRIEN, VOIRE UNE RÉVOLUTION DE PALAIS QUI POURRAIT MENER À LA DESTITUTION DE BACHAR.

LE GÉNÉRAL KANAAN EST SONGEUR.
IL SE DEMANDE COMBIEN DE TEMPS IL LUI RESTE À VIVRE.
OUI, MÊME LE MINISTRE DE L'INTÉRIEUR PEUT SE POSER CE GENRE DE QUESTION EN SYRIE.

UNE HEURE PLUS TARD, L'AGENCE DE PRESSE OFFICIELLE SYRIENNE ANNONCE LE SUICIDE DU GÉNÉRAL KANAAN.
À BEYROUTH, L'ENQUÊTEUR ONUSIEN EST FURIEUX.
SANS LE TÉMOIGNAGE DE KANAAN, IL NE POURRA JAMAIS METTRE LES NOMS DU BEAU-FRÈRE ET DU FRÈRE DE BACHAR DANS SON RAPPORT QUE LES LIBANAIS ET NOMBRE DE PERSONNALITÉS ÉTRANGÈRES ATTENDENT.
PARMI CELLES-CI, BIEN ÉVIDEMMENT, LE PRÉSIDENT JACQUES CHIRAC, QUI ARRIVE BIENTÔT AU TERME DE SON SECOND MANDAT.

Chapitre 16

2007-2011

Après la haine de Chirac, l'amour de Sarkozy

LA « GUERRE FROIDE » SEMBLE S'ÊTRE DURABLEMENT INSTALLÉE ENTRE LA FRANCE ET LA SYRIE, MAIS BACHAR N'EN A CURE ET CULTIVE SES RELATIONS AVEC SES VOISINS.
BIEN AVANT LA NOUVELLE CRISE AVEC PARIS, IL S'EST NATURELLEMENT RAPPROCHÉ DE VLADIMIR POUTINE.
LE LEADER RUSSE A VOULU RÉAFFIRMER L'INTÉRÊT DE MOSCOU POUR UN PARTENARIAT STRATÉGIQUE AVEC DAMAS TANT DU POINT DE VUE ÉCONOMIQUE, AVEC DES PROJETS PÉTROLIERS ET GAZIERS...
... QUE MILITAIRE, AVEC L'UTILISATION DU PORT EN EAUX PROFONDES DE TARTOUS PAR LA MARINE RUSSE.
CE « BALLON D'OXYGÈNE » RUSSE VIENT DONC REMÉDIER À LA PERTE DES ÉCHANGES COMMERCIAUX AVEC LA FRANCE ET LES ÉTATS-UNIS QUI NE SONT PAS VITAUX POUR DAMAS.
CETTE « GUERRE FROIDE » NE TOUCHE POURTANT PAS UN DOMAINE « SENSIBLE » DANS LES RELATIONS ENTRE LA FRANCE ET LA SYRIE : L'ÉCHANGE D'INFORMATIONS ENTRE SERVICES DE RENSEIGNEMENT !

الله اكبر
POUR FAIRE SIMPLE : PARIS APPRÉCIE LES INFOS DONNÉES PAR LE RENSEIGNEMENT MILITAIRE SYRIEN SUR LES DJIHADISTES FRANÇAIS QUI PARTENT COMBATTRE EN IRAK AUX CÔTÉS D'AL-QAÏDA ET DES INSURGÉS SUNNITES QUI FORMERONT LE NOYAU DU FUTUR DAECH.
LES SERVICES FRANÇAIS ONT MÊME PARFOIS LA SURPRISE DE SE VOIR LIVRER CES MÊMES DJIHADISTES APRÈS INTERROGATOIRE PAR LES SYRIENS.
CETTE COLLABORATION « SÉCURITAIRE » A UN PRIX : PARIS NE DOIT PAS METTRE DAMAS À GENOUX POLITIQUEMENT OU ÉCONOMIQUEMENT.
FOUR SEASONS
GEORGE V
C'EST LE BEAU-FRÈRE DE BACHAR, ASSEF CHAWKAT, QUI A LA HAUTE MAIN SUR LES CONTACTS AVEC SES HOMOLOGUES DES SERVICES DE RENSEIGNEMENT OCCIDENTAUX. L'HOMME DE CONFIANCE DU PRÉSIDENT SYRIEN BACHAR EL-ASSAD.

UNE RELATION EN TOUT POINT SATISFAISANTE POUR LES DEUX PARTIES, QUI POUSSERA LES OCCIDENTAUX À PENSER À LUI COMME POSSIBLE REMPLAÇANT DE BACHAR À LA TÊTE DE L'ÉTAT, LE JOUR VENU.
CETTE INFORMATION PARVIENDRA AUX OREILLES D'ASSAD ET ALIMENTERA LA MÉFIANCE CROISSANTE QU'IL A VIS-À-VIS DE SON BEAU-FRÈRE, COMME NOUS LE VERRONS PLUS LOIN.
WASHINGTON ET PARIS ONT ISOLÉ DIPLOMATIQUEMENT LA SYRIE EN QUELQUES MOIS ET LUI FONT SUPPORTER DE LOURDES SANCTIONS ÉCONOMIQUES ET FINANCIÈRES.
BACHAR, RÉÉLU EN 2007 À LA TÊTE DE SON PAYS, EST DEVENU UN PARIA SUR LA SCÈNE INTERNATIONALE PAR LA FAUTE D'UN PRÉSIDENT FRANÇAIS.
BASHAR
STOP KILLING
MAIS L'ARRIVÉE D'UN NOUVEAU LOCATAIRE À L'ÉLYSÉE VA RADICALEMENT CHANGER LA DONNE !

* CLAUDE GUÉANT, SECRÉTAIRE GÉNÉRAL DE L'ÉLYSÉE, ET JEAN-DAVID LEVITTE, CONSEILLER DIPLOMATIQUE DU PRÉSIDENT.

* ET QUI A NÉANMOINS ÉTÉ RÉVÉLÉE PAR UNE ENQUÊTE DU JOURNAL LE MONDE EN NOVEMBRE 2007.

QUELQUES MOIS PLUS TARD, GUÉANT ET LEVITTE SONT DE RETOUR À DAMAS DANS LE PLUS GRAND SECRET.
MONSIEUR LE PRÉSIDENT SARKOZY, VOUS ÊTES TROP AIMABLE. LA SYRIE SE FÉLICITE D'AVOIR SOUTENU LA PROPOSITION ÉMANANT DES PARTIS POLITIQUES LIBANAIS QUI SE PORTAIT SUR MICHEL SLEIMAN. UN CHOIX QUI VOUS AGRÉE, JE CROIS BIEN.
TU VOIS, BACHAR, MOI JE CROIS À UN RAPPROCHEMENT PROFITABLE ENTRE NOS DEUX PAYS MAINTENANT QUE TU AS MONTRÉ TA BONNE FOI... TU ME COMPRENDS ? TIENS, J'AI UNE IDÉE ! ÇA TE DIT DE VENIR À PARIS EN JUILLET PROCHAIN ?
VOUS M'INVITEZ OFFICIELLEMENT AU SOMMET DE L'UNION POUR LA MÉDITERRANÉE ET ENSUITE AU DÉFILÉ DU 14-JUILLET À PARIS ? ÉCOUTEZ, MONSIEUR... BIEN. COMPRIS... NICOLAS... JE DOIS EN PARLER À ASMA D'ABORD ET JE DONNE MA RÉPONSE À MM. LEVITTE ET GUÉANT QUI SONT EN FACE DE MOI. TU LA VEUX MAINTENANT ? ALORS, C'EST OUI !
LE FILS ASSAD A ACCEPTÉ DERECHEF CETTE PROPOSITION INATTENDUE. L'OCCASION EST TROP BELLE DE SE MONTRER DE NOUVEAU DEVANT TOUS LES MÉDIAS INTERNATIONAUX.
IRONIE DE L'HISTOIRE : C'EST ENCORE UN PRÉSIDENT FRANÇAIS QUI VA LE REMETTRE EN SELLE SUR LA SCÈNE DIPLOMATIQUE INTERNATIONALE. SARKOZY FAIT COMME CHIRAC EN 1999. POURTANT, CES DEUX HOMMES-LÀ SE DÉTESTENT.

14 JUILLET 2008.
BACHAR EL-ASSAD PARADE À LA TRIBUNE OFFICIELLE DURANT LE TRADITIONNEL DÉFILÉ AUX CHAMPS-ÉLYSÉES.
DE NOMBREUSES PERSONNES SONT FURIEUSES DE CETTE INVITATION DE LA RÉPUBLIQUE À CELUI QU'ELLES CONSIDÈRENT COMME UN VULGAIRE ASSASSIN.
L'ANCIEN PRÉSIDENT CHIRAC...
LES ENFANTS DE L'AMBASSADEUR DELAMARE ASSASSINÉ À BEYROUTH EN 1981...
OU LES MILITAIRES RESCAPÉS DU « DRAKKAR » EN 1983 ALORS QUE DES DIZAINES DE LEURS CAMARADES Y ONT LAISSÉ LA VIE...
L'ÉLYSÉE TENTE D'INTOXIQUER LA PRESSE EN FAISANT L'ÉLOGE DE BACHAR QUI DEVRAIT APPORTER DE VRAIES RÉFORMES DÉMOCRATIQUES À SON PEUPLE ET QUI A FAIT DES « EFFORTS » EN MATIÈRE DE DROITS DE L'HOMME.
MAIS CETTE AGITATION MÉDIATIQUE ET DIPLOMATIQUE CACHE AUSSI DES DESSEINS COMMERCIAUX. PARIS VEUT QUE SES ENTREPRISES CONSTRUISENT LE NOUVEL AÉROPORT ET LE MÉTRO DE DAMAS. DEUX TRÈS GROS CHANTIERS QUI EXCITENT NOMBRE D'APPÉTITS, DONT CEUX D'ALSTOM .

DEUX MOIS PLUS TARD, LE PRÉSIDENT FRANÇAIS S'ENVOLE POUR LA SYRIE À L'OCCASION D'UNE VISITE D'ÉTAT, UNIQUEMENT ACCOMPAGNÉ DU P-DG DE TOTAL ET DE CELUI DE CMA CGM, QUI EST UN PROCHE DE LA FAMILLE HARIRI.
MAIS C'EST LA PRÉSENCE DU P-DG DE TOTAL QUI REVÊT LA PLUS GRANDE IMPORTANCE. DEPUIS DES MOIS, CE DERNIER, ET UN MARCHAND D'ARMES RECRUTÉ PAR L'ÉLYSÉE, NÉGOCIENT AVEC LES SYRIENS POUR LA SIGNATURE D'IMPORTANTS ACCORDS GAZIERS ET PÉTROLIERS DANS LE PLUS GRAND SECRET.
LORS DE LA CONFÉRENCE DE PRESSE QUI CLÔT LA VISITE, TOTAL ANNONCE AVOIR SIGNÉ TROIS CONTRATS AVEC LA SYRIE, DONT CELUI POUR LE RENOUVELLEMENT DE SON PERMIS D'EXPLOITATION DU GISEMENT DE DEIR EZ-ZOR, TRÈS ATTENDU PAR LE GROUPE PÉTROLIER.
TOTAL
CES ACCORDS, ET CEUX POTENTIELLEMENT À VENIR POUR D'AUTRES ENTREPRISES, REÇOIVENT LE SOUTIEN DU PRÉSIDENT DE LA RÉPUBLIQUE. CELUI-CI RESTE INSENSIBLE AUX CRITIQUES QUI FUSENT DE PARTOUT DE LA PART DES ORGANISATIONS DE DÉFENSE DES DROITS DE L'HOMME, QUI POINTENT DU DOIGT LE RÉGIME SYRIEN PAR VOIE DE PRESSE.

Chapitre 17

2011

Syrie, un printemps sanglant

VOICI ENFIN VENU LE TEMPS DE L'ENTENTE CORDIALE ENTRE PARIS ET DAMAS ! LES ASSAD SONT REDEVENUS FRÉQUENTABLES. LA PRESSE INTERNATIONALE S'ÉMERVEILLE SUR L'ÉPOUSE MODERNE DU PRÉSIDENT SYRIEN QUI VIENT D'ÊTRE RÉÉLU À LA TÊTE DE L'ÉTAT AVEC 97,63 % DES VOIX.
ASMA, AVOCATE D'ORIGINE SUNNITE ET ÉLEVÉE À LONDRES, EST LA « VITRINE » DU RÉGIME ET ON NE SE LASSE PAS DE VOIR LE VENT DU CHANGEMENT SOUFFLER SUR DAMAS PAR PHOTOS « GLAMOUR » INTERPOSÉES DANS LES MAGAZINES PEOPLE. ELLE EST MÊME SURNOMMÉE « LA LADY DI DU PROCHE-ORIENT » OUTRE-MANCHE !
NOUS SOMMES EN 2011. LE VENT DE LA RÉVOLTE SECOUE UNE PARTIE DU MONDE ARABE. EN ÉGYPTE COMME EN TUNISIE, LES FOULES, SOUVENT ENCADRÉES PAR LES ISLAMISTES, METTENT À BAS LES PRÉSIDENTS MOUBARAK ET BEN ALI.
EN SYRIE, LE QUADRILLAGE DE LA POPULATION PAR LA MOUKHABARAT DEPUIS DES DÉCENNIES LAISSE PEU DE PLACE À UNE CONTESTATION POLITIQUE MAIS NOMBREUX SONT CEUX, PARMI LA MAJORITÉ SUNNITE, QUI RÊVENT DE RENVERSER LA DYNASTIE ASSAD, DONT LES FRÈRES MUSULMANS QUI GARDENT TOUJOURS EN TÊTE LE SOUVENIR DE LA TERRIBLE RÉPRESSION DE 1982 À HAMA.
MAIS, COMME SOUVENT EN POLITIQUE, LES CHOSES NE VONT PAS SE PASSER COMME PRÉVU...

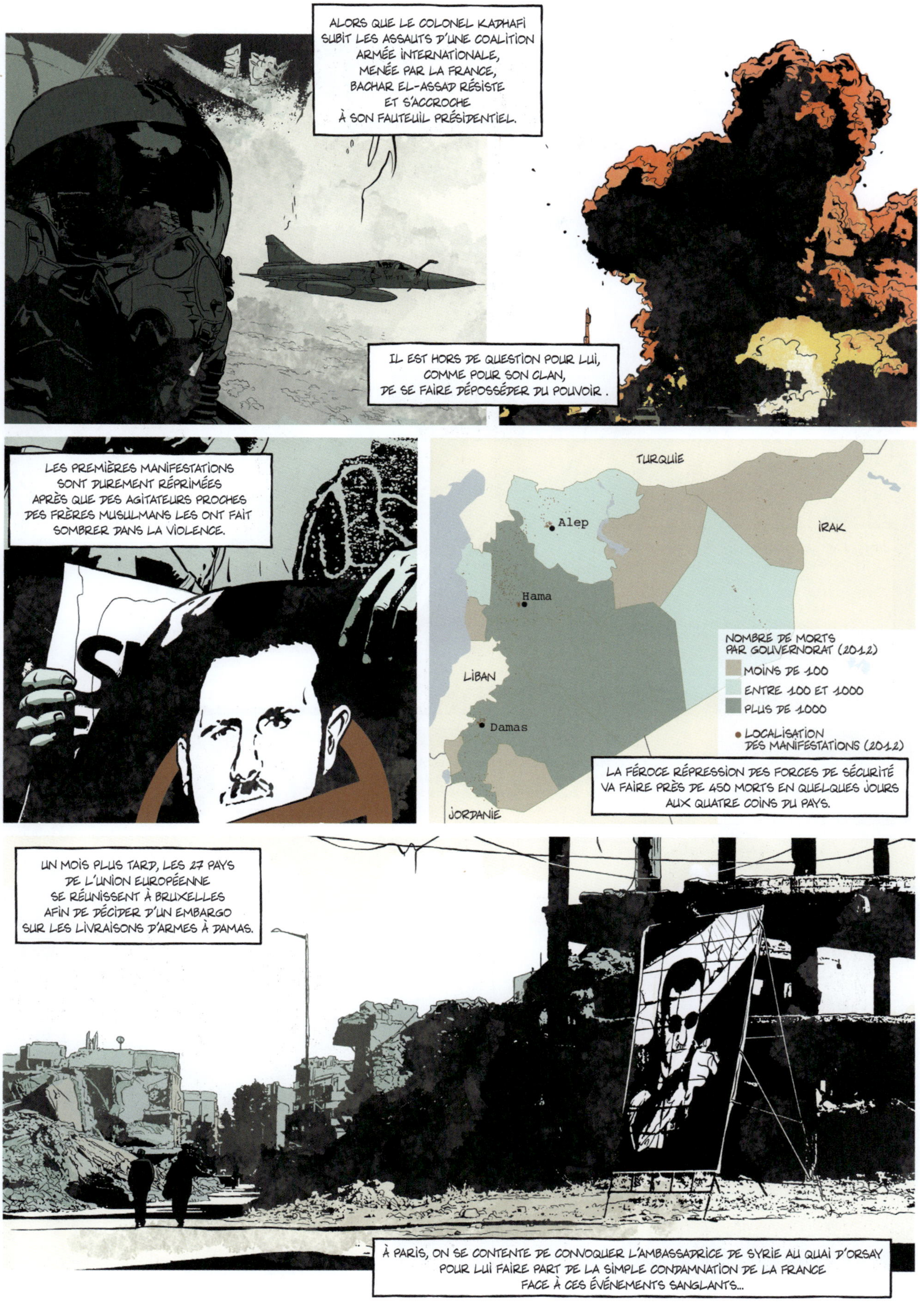
ALORS QUE LE COLONEL KADHAFI SUBIT LES ASSAUTS D'UNE COALITION ARMÉE INTERNATIONALE, MENÉE PAR LA FRANCE, BACHAR EL-ASSAD RÉSISTE ET S'ACCROCHE À SON FAUTEUIL PRÉSIDENTIEL.
IL EST HORS DE QUESTION POUR LUI, COMME POUR SON CLAN, DE SE FAIRE DÉPOSSÉDER DU POUVOIR.
LES PREMIÈRES MANIFESTATIONS SONT DUREMENT RÉPRIMÉES APRÈS QUE DES AGITATEURS PROCHES DES FRÈRES MUSULMANS LES ONT FAIT SOMBRER DANS LA VIOLENCE.
TURQUIE
Alep
IRAK
Hama
LIBAN
Damas
JORDANIE
NOMBRE DE MORTS PAR GOUVERNORAT (2012)
MOINS DE 100
ENTRE 100 ET 1000
PLUS DE 1000
LOCALISATION DES MANIFESTATIONS (2012)
LA FÉROCE RÉPRESSION DES FORCES DE SÉCURITÉ VA FAIRE PRÈS DE 450 MORTS EN QUELQUES JOURS AUX QUATRE COINS DU PAYS.
UN MOIS PLUS TARD, LES 27 PAYS DE L'UNION EUROPÉENNE SE RÉUNISSENT À BRUXELLES AFIN DE DÉCIDER D'UN EMBARGO SUR LES LIVRAISONS D'ARMES À DAMAS.
À PARIS, ON SE CONTENTE DE CONVOQUER L'AMBASSADRICE DE SYRIE AU QUAI D'ORSAY POUR LUI FAIRE PART DE LA SIMPLE CONDAMNATION DE LA FRANCE FACE À CES ÉVÉNEMENTS SANGLANTS...

UNE RÉACTION MESURÉE QUI PROUVE QUE PARIS NE SEMBLE PAS VOULOIR ACCULER DAMAS EN CETTE ANNÉE 2011, MÊME SI LE PRÉSIDENT SARKOZY EST DÉÇU PAR SON HOMOLOGUE SYRIEN. IL FONDAIT DE GRANDS ESPOIRS DANS LE RAPPROCHEMENT QU'IL A OPÉRÉ, APRÈS SA RÉÉLECTION, AVEC BACHAR EL-ASSAD.
EURO
50
MAIS CE DERNIER NE LUI A PAS RENVOYÉ L'ASCENSEUR APRÈS LA « LUNE DE MIEL » SYRO-FRANÇAISE DE 2008 : AUCUN DES GRANDS CONTRATS ÉVOQUÉS À L'ÉPOQUE DANS LE DOMAINE ÉCONOMIQUE OU ÉNERGÉTIQUE N'A VU LE JOUR.
SARKOZY SE DÉCIDE ALORS À ENVOYER SON PREMIER MINISTRE, FRANÇOIS FILLON, À DAMAS POUR RAPPELER À L'ORDRE LE GOUVERNEMENT SYRIEN.
CE DERNIER NE RÉCOLTERA PAS GRAND-CHOSE HORMIS LA SIGNATURE D'UN CONTRAT D'ACHAT DE DEUX ATR (AVIONS DE TRANSPORT RÉGIONAL) POUR UN MONTANT DE 27 MILLIONS D'EUROS ! UNE BROUTILLE...
LES CONTRATS DU MÉTRO DE DAMAS OU DE LA NOUVELLE AÉROGARE DE L'AÉROPORT DE LA CAPITALE, DONT ON PARLE DEPUIS LA VISITE DE BACHAR À PARIS EN 2008 ET CELLE DE SARKOZY À DAMAS QUELQUES MOIS PLUS TARD, SEMBLENT TOUJOURS AUSSI LOIN DE SE CONCRÉTISER. LA POLITIQUE D'OUVERTURE VIS-À-VIS DE LA SYRIE, QUE LE NOUVEAU PRÉSIDENT A DÉFENDUE, N'ÉTAIT PEUT-ÊTRE PAS LA BONNE OPTION AU FINAL.

*ARMÉE SYRIENNE LIBRE (ASL) : RASSEMBLEMENT DE GROUPES REBELLES PRODÉMOCRATIE (ANCIENS OFFICIERS, DÉSERTEURS, CIVILS) BIENTÔT SUPPLANTÉS OU INFILTRÉS PAR DES FACTIONS ISLAMISTES OU DJIHADISTES DANS LES DIVERSES RÉGIONS.

LE DG DE LA DGSE SORT DU BUREAU DU PRÉSIDENT HOLLANDE. IL VIENT DE RECEVOIR UN ORDRE FORMEL DE LA BOUCHE MÊME DU LOCATAIRE DE L'ÉLYSÉE. SON SERVICE DOIT METTRE EN PLACE UNE LIVRAISON D'ARMES POUR L'ARMÉE SYRIENNE LIBRE DANS LE PLUS GRAND SECRET !
OFFICIELLEMENT, LA FRANCE RESPECTE L'EMBARGO INTERNATIONAL DE LA LIVRAISON D'ARMES À DESTINATION DE LA SYRIE MAIS, OFFICIEUSEMENT, ELLE LIVRE DÉJÀ DU MATÉRIEL « NON LÉTAL » (MATÉRIEL DE TRANSMISSION, GILETS PARE-BALLES...) AUX OPPOSANTS D'ASSAD.
ARRIVÉ BOULEVARD MORTIER, AU SIÈGE DES SERVICES DE RENSEIGNEMENT EXTÉRIEURS, BERNARD BAJOLET CONVOQUE SES PRINCIPAUX COLLABORATEURS.
RÉPUBLIQUE FRANÇAISE
DIRECTION GÉNÉRALE DE LA SÉCURITÉ EXTÉRIEURE
DGSE
NOUS DEVONS METTRE AU POINT UNE FILIÈRE D'ACHEMINEMENT SÛRE ET DISCRÈTE POUR L'EXPÉDITION D'ARMES FRANÇAISES EN SYRIE ! J'ATTENDS VOS PROPOSITIONS !

LIVRER DES ARMES ? MAIS À QUI ? NOUS NE SOMMES PAS EN GUERRE AVEC LA RÉPUBLIQUE ARABE DE SYRIE, QUE JE SACHE ?
LA DIRECTION DU RENSEIGNEMENT VA NOUS PRÉPARER UNE LISTE D'ÉVENTUELS CANDIDATS SUSCEPTIBLES DE RECEVOIR LES ARMES OFFERTES PAR PARIS, MAIS IL EST HORS DE QUESTION QU'ELLES NE TOMBENT ENTRE DES MAINS TROP RADICALES.
ENTENDU, MONSIEUR LE DIRECTEUR GÉNÉRAL, MAIS JE PEUX VOUS ASSURER QUE L'OPPOSITION ARMÉE AU RÉGIME DE DAMAS EST HÉTÉROCLITE ET PEU ENTRAÎNÉE. C'EST UN AGRÉGAT DE CLANS FAMILIAUX OU COMMUNAUTAIRES QUI VA DES COMMUNISTES KURDES AUX ISLAMISTES SOUTENUS PAR AL-QAÏDA, EN PASSANT PAR DE NOUVEAUX PARTIS POLITIQUES QUI NE REPRÉSENTENT PERSONNE OU PAS GRAND MONDE !
JE VOUS ENTENDS, MONSIEUR LE DIRECTEUR DU RENSEIGNEMENT. VOYEZ AVEC LES REPRÉSENTANTS DE L'ARMÉE SYRIENNE LIBRE AGRÉÉS PAR LE QUAI D'ORSAY POUR TROUVER UNE SOLUTION QUI SÉCURISERAIT TOUTES LES PARTIES. J'ATTENDS VOTRE LISTE POUR DEMAIN MATIN À LA PREMIÈRE HEURE !
LM
UNE PREMIÈRE EXPÉDITION SERA MENÉE AVEC SUCCÈS. LE MATÉRIEL FRANÇAIS ARRIVERA BIEN ENTRE LES BONNES MAINS - DES COMBATTANTS SYRIENS NON RADICAUX - DANS LA PLUS GRANDE CONFIDENTIALITÉ, VIA LA TURQUIE. À L'ÉLYSÉE, ON NE CACHE PAS SA SATISFACTION.
MAIS, DANS LES SEMAINES QUI SUIVENT, TOUT NE SE DÉROULERA PAS COMME PRÉVU...

* VOIR ROBIN FERNER, « LA FRANCE A FOURNI DES ARMES À LA RÉVOLUTION SYRIENNE DÉS 2012 », SLATE, 6 MAI 2015.

** VOIR XAVIER PANON, *DANS LES COULISSES DE LA DIPLOMATIE FRANÇAISE, DE ZARKOZY À HOLLANDE*, L'ARCHIPEL, 2015.

Chapitre 18

2011-2015

Le gaz qatari, « pomme de discorde » entre Paris et Damas

LOIN DE L'HABITUEL TON FEUTRÉ D'USAGE AU QUAI D'ORSAY, LES PAROLES DU MINISTRE DES AFFAIRES ÉTRANGÈRES FRANÇAIS NE PRÊTENT À AUCUNE CONFUSION.
LAURENT FABIUS TRAITE PUBLIQUEMENT, ET À PLUSIEURS REPRISES, LE CHEF DE L'ÉTAT SYRIEN D'ASSASSIN !

POURQUOI ? POUR SON NON-RESPECT DES DROITS DE L'HOMME ? PAS SEULEMENT, CAR CETTE ATTITUDE HUMANISTE CACHE AUSSI DES MOTIVATIONS PUREMENT STRATÉGIQUES ET COMMERCIALES...

DERRIÈRE LE DÉSIR DE PLAIRE AUX ENNEMIS SUNNITES DU RÉGIME SYRIEN, L'ARABIE SAOUDITE ET LE QATAR, DEUX PARANGONS DE LA DÉMOCRATIE QUI COMPTENT PARMI NOS MEILLEURS CLIENTS EN MATIÈRE D'ARMEMENT, SE CACHE LA FACE MÉCONNUE DU CONFLIT SYRIEN : CELLE DES ENJEUX ÉNERGÉTIQUES !

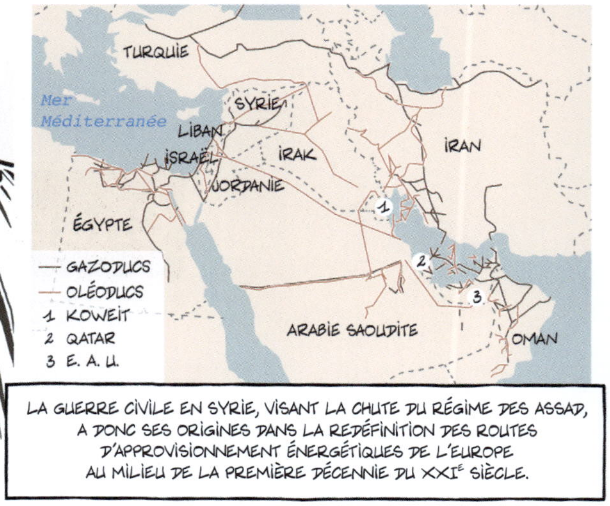
TURQUIE
Mer Méditerranée
SYRIE
LIBAN
ISRAËL
IRAK
IRAN
JORDANIE
ÉGYPTE
GAZODUCS
OLÉODUCS
1 KOWEÏT
2 QATAR
3 E. A. U.
ARABIE SAOUDITE
OMAN
LA GUERRE CIVILE EN SYRIE, VISANT LA CHUTE DU RÉGIME DES ASSAD, A DONC SES ORIGINES DANS LA REDÉFINITION DES ROUTES D'APPROVISIONNEMENT ÉNERGÉTIQUES DE L'EUROPE AU MILIEU DE LA PREMIÈRE DÉCENNIE DU XXIe SIÈCLE.

CE QUI N'EST PAS SANS RAPPELER LES RAISONS RÉELLES DE L'INTERVENTION MILITAIRE DÉCIDÉE PAR GEORGE W. BUSH EN IRAK EN 2003.

RAPIDE TOUR D'HORIZON DE LA QUESTION À LA FIN DES ANNÉES 2000 : FACE AU TARISSEMENT PROGRESSIF DU PÉTROLE, LE SEUL CARBURANT DE SUBSTITUTION DISPONIBLE EST LE GAZ. CETTE RESSOURCE EST ESSENTIELLEMENT SITUÉE EN RUSSIE (25 % DES RÉSERVES MONDIALES), EN IRAN (15 % DES RÉSERVES MONDIALES) ET AU QATAR (15 % DES RÉSERVES MONDIALES).
POUR ÉCOULER SES STOCKS, LA RUSSIE BÉNÉFICIE D'UN VASTE RÉSEAU DE GAZODUCS QUI DESSERVENT L'EUROPE, LA CHINE OU LA TURQUIE.
CE DERNIER PAYS PRÉVOIT JUSTEMENT UN DOUBLEMENT DE SA CONSOMMATION DANS LES DIX ANS, MAIS REFUSE D'ACHETER PLUS DE GAZ À SES VOISINS RUSSE OU IRANIEN POUR NE PAS ACCROÎTRE SA DÉPENDANCE ÉNERGÉTIQUE VIS-À-VIS D'EUX.
RESTE LA SOLUTION DU QATAR, MAIS IL N'Y A PAS L'OMBRE D'UN PIPELINE ENTRE DOHA ET ANKARA !
QU'À CELA NE TIENNE... LE QATAR VA DÉCIDER LA CONSTRUCTION D'UN GAZODUC QUI ACHEMINERAIT SON GAZ À LA TURQUIE DEPUIS LE GOLFE D'AQABA (JORDANIE) EN REMONTANT VERS LE NORD À TRAVERS LA SYRIE !
TOTAL
UNE SOLUTION QUI A LE SOUTIEN DE L'ÉLYSÉE ET DE TOTAL, QUI EST L'UN DES PRINCIPAUX OPÉRATEURS DU GAZ QATARI.
MAIS BACHAR SE FAIT TIRER L'OREILLE POUR DONNER SON ACCORD. MOSCOU, QUI NE VEUT PAS QUE LE GAZ DU QATAR PUISSE VENIR LUI FAIRE DE LA CONCURRENCE AUX PORTES DE L'EUROPE, FAIT PRESSION SUR SON ALLIÉ CHEZ QUI IL DÉVERSE UNE INDISPENSABLE AIDE ÉCONOMIQUE ET MILITAIRE.

C'EST ALORS QUE DÉBUTE LE « PRINTEMPS ARABE » ET QUE, EN SYRIE, LES SUNNITES MAJORITAIRES SE RÉVOLTENT CONTRE LE RÉGIME PROCHIITE D'ASSAD.
UNE RÉVOLTE QUE LES SUNNITES DE DOHA ET RIYAD SOUTIENDRONT À COUPS DE PÉTRODOLLARS SOUS FORME D'ARMES OU DE CASH ! AVEC LA COMPLICITÉ ACTIVE DE LA TURQUIE ET DE LA FRANCE ALORS QUE LA RUSSIE, TOUT COMME L'IRAN, SE RANGERONT AUX CÔTÉS DE LEUR ALLIÉ SYRIEN.
ENCORE AUJOURD'HUI, NOUS RETROUVONS LES MÊMES LIGNES DE FRACTURE ENTRE LES PARTIES PRENANTES AU CONFLIT SYRIEN QUE CELLES QUI APPARAISSAIENT DANS LE DOSSIER DU GAZODUC QATARI.
CETTE QUESTION DE L'ÉNERGIE EST UNE DES RAISONS MAJEURES DE LA POURSUITE DU CONFLIT AU MÊME TITRE QUE L'ÉTERNELLE RIVALITÉ POLITICO-RELIGIEUSE ENTRE CHIITES MINORITAIRES ET SUNNITES MAJORITAIRES.
UNE GUERRE CIVILE QUI A UNE NAUSÉABONDE ODEUR DE PÉTROLE TOUT DE MÊME...
QUINZE ANS PLUS TARD, CE DOSSIER REVIENT D'AILLEURS DANS L'ACTUALITÉ AVEC LE CONFLIT EN UKRAINE ET L'EMBARGO DÉCIDÉ PAR L'UNION EUROPÉENNE SUR LE GAZ RUSSE. PLUS QUE JAMAIS, LE GAZ QATARI PARAÎT INDISPENSABLE AUX DIRIGEANTS EUROPÉENS.

Chapitre 19

2012-2022

Une décennie meurtrière

LA FRANCE, AU FIL DU CONFLIT SYRIEN, ALIGNE SA POSITION SUR LES SOUHAITS DE LA DIPLOMATIE QATARIE OU SAOUDIENNE, QUITTE À INTERROMPRE LE TRADITIONNEL ÉCHANGE DE RENSEIGNEMENTS ENTRE PARIS ET DAMAS QUE MÊME JACQUES CHIRAC AVAIT VOULU PRÉSERVER AU PLUS FORT DE SA QUERELLE AVEC BACHAR EL-ASSAD APRÈS L'ASSASSINAT DE SON AMI HARIRI...
POUR BEAUCOUP DE DIPLOMATES OU DE MEMBRES DE LA COMMUNAUTÉ DU RENSEIGNEMENT, L'ALIGNEMENT DIPLOMATIQUE DE PARIS SUR DOHA ET RIYAD NE PEUT ÊTRE QUE CONTRE-PRODUCTIF.
EN PARTICULIER AU VU DES RISQUES D'ATTENTATS QU'IL ENGENDRE CONTRE LES INTÉRÊTS FRANÇAIS, CETTE MENACE AYANT ÉTÉ MALHEUREUSEMENT CONFIRMÉE AVEC LES ATTENTATS AU MALI, AU NIGER, EN CÔTE D'IVOIRE OU SUR LE SOL NATIONAL EN JANVIER PUIS NOVEMBRE 2015.
BEAUCOUP DE CES PROFESSIONNELS DE LA DIPLOMATIE OU DU MONDE DE L'OMBRE SAVENT QUE LA SYRIE A TOUJOURS UNE CAPACITÉ DE NUISANCE INTERNATIONALE, NOTAMMENT VIA SES SERVICES DE RENSEIGNEMENT TOUJOURS BIEN INTRODUITS DANS LA POUDRIÈRE MOYEN-ORIENTALE.
ET LES INFORMATIONS QU'ILS DÉTIENNENT POURRAIENT ÊTRE CRUCIALES POUR LES HOMMES DE LA DGSE OU DE LA DGSI...

* ALAIN CHOUET, OP. CIT.

* EN 1999, MAHER ASSAD AVAIT TIRÉ SUR ASSEF CHAWQAT QUI AVAIT ENSUITE ÉTÉ SOIGNÉ EN TOUTE DISCRÉTION À L'HÔPITAL MILITAIRE DU VAL-DE-GRÂCE À PARIS, GRÂCE AU BON VOULOIR DU PRÉSIDENT CHIRAC.

L'ÉLYSÉE NE VEUT DONC PAS ENTENDRE PARLER D'UNE QUELCONQUE COLLABORATION AVEC LES SERVICES DE RENSEIGNEMENT SYRIENS, MÊME POUR ANTICIPER D'ÉVENTUELLES MENACES QUI POURRAIENT S'ABATTRE SUR LE SOL FRANÇAIS. UNE ATTITUDE QUI A PEUT-ÊTRE EU DES CONSÉQUENCES SUR LES DRAMATIQUES ÉVÉNEMENTS DE 2015 EN FRANCE. LES HISTORIENS DU FUTUR LE DIRONT...
EN 2013, PARIS SOUHAITE IMPOSER DES FRAPPES AÉRIENNES INTERNATIONALES EN TERRITOIRE SYRIEN APRÈS QUE LA PRESSE A FAIT PART DE L'UTILISATION D'ARMES CHIMIQUES PAR LES TROUPES D'ASSAD...
... MAIS WASHINGTON NE VEUT PAS RETOURNER DANS LA POUDRIÈRE MOYEN-ORIENTALE APRÈS LE RETRAIT DE SES TROUPES D'IRAK ET D'AFGHANISTAN, ET LAISSE MOSCOU GÉRER LA CRISE AVEC SON PLAN DE DESTRUCTION DE L'ARSENAL CHIMIQUE SYRIEN.
AUTRE FAIT AVEC LEQUEL PARIS DOIT ALORS COMPTER : LES OPINIONS PUBLIQUES OCCIDENTALES SONT HOSTILES À UNE INTERVENTION ARMÉE EN SYRIE, MÊME SI LES MANIFESTATIONS N'ONT PAS L'AMPLEUR DE CELLES DE 2003 CONTRE L'INVASION DE L'IRAK.
DANS LE CADRE DU DOSSIER SUR LE NUCLÉAIRE IRANIEN, LA FRANCE MONTRE SES MUSCLES AUX DIRIGEANTS CHIITES EN ADOPTANT UNE POSITION INTRANSIGEANTE. CELA PLAÎT À NOS ALLIÉS SUNNITES AVEC QUI NOUS DISCUTONS D'IMPORTANTS CONTRATS D'ARMEMENT.
EN FÉVRIER 2015, 24 AVIONS DE COMBAT RAFALE SONT VENDUS À L'ÉGYPTE GRÂCE AU FINANCEMENT SAOUDIEN ET, TROIS MOIS PLUS TARD, LE PRÉSIDENT HOLLANDE SE REND À DOHA POUR SIGNER LE CONTRAT DE VENTE DE 24 AUTRES UNITÉS.
À LA GRANDE SATISFACTION DE PARIS, L'ALIGNEMENT DIPLOMATIQUE SUR RIYAD ET DOHA COMMENCE À RAPPORTER EN ESPÈCES SONNANTES ET TRÉBUCHANTES.

DU CÔTÉ DE DAMAS, ON NE RESTE PAS INACTIF.
BACHAR VEUT MOBILISER L'OPINION PUBLIQUE INTERNATIONALE EN SA FAVEUR ET FAIT LIBÉRER DES MILLIERS DE PRISONNIERS POLITIQUES, DONT DES CENTAINES DE JIHADISTES ISLAMISTES PROCHES D'AL-QAÏDA EN IRAK, QUI DEVIENDRA L'ORGANISATION DE L'ÉTAT ISLAMIQUE.

NOMBRE DE CADRES DU CALIFAT D'AL-BAGHDADI SE TROUVAIENT DANS LES GEÔLES DU POUVOIR DE DAMAS AUX PREMIERS JOURS DE LA GUERRE CIVILE...

À PARTIR DE 2014, ET POUR SE MAINTENIR EN SELLE, ASSAD USE DE LA PEUR ET DES MENACES RÉELLES QUE REPRÉSENTE L'ÉTAT ISLAMIQUE POUR L'OCCIDENT. EN CELA, IL RENOUE AVEC LA POLITIQUE MENÉE PAR SON PÈRE AVEC LE GROUPE ABOU NIDAL OU CARLOS QUELQUES DÉCENNIES PLUS TÔT.
AUTRE MOYEN DE PRESSION SUR L'OCCIDENT POUR DAMAS : LE SOUTIEN INDÉFECTIBLE DE MOSCOU. DEPUIS LE DÉBUT DES ANNÉES 2000, VLADIMIR POUTINE N'A JAMAIS LAISSÉ TOMBER BACHAR EL-ASSAD. DÈS LES PREMIERS JOURS DE LA GUERRE CIVILE, LES ARMES RUSSES N'ONT CESSÉ D'ÊTRE LIVRÉES AUX TROUPES SYRIENNES SOUTENUES PAR DES UNITÉS DES GARDIENS DE LA RÉVOLUTION IRANIENS OU DE LA MILICE LIBANAISE DU HEZBOLLAH.
CELA S'EXPLIQUE PAR LE RÔLE QUE MOSCOU VEUT CONTINUER À JOUER AU MOYEN-ORIENT. ET, POUR POUTINE, IL EST HORS DE QUESTION QU'HOLLANDE OU CAMERON VIENNENT À BOUT DE BACHAR COMME ILS L'ONT FAIT AVEC KADHAFI EN 2011. IL EN FAIT UNE AFFAIRE DE PRINCIPE...
OUTRE LE FAIT QUE L'OCCIDENT SE DÉSINTÉRESSE DU DOSSIER SYRIEN DEPUIS 2013, C'EST LE SOUVENIR LIBYEN QUI DÉTERMINERA L'INTERVENTION AU GRAND JOUR DE LA RUSSIE À PARTIR DE L'ÉTÉ 2015 SUR LE THÉÂTRE D'OPÉRATIONS SYRIEN AVEC LE « SUCCÈS » QUE L'ON SAIT.
CETTE DÉMONSTRATION DE FORCE DE LA RUSSIE, DES CENTAINES DE BOMBARDEMENTS QUOTIDIENS, OBLIGERA PARIS À UNE NOUVELLE VOLTE-FACE VIS-À-VIS DE DAMAS : DÉSORMAIS, L'HEURE N'EST PLUS AU DÉPART INCONDITIONNEL DU POUVOIR DE BACHAR EL-ASSAD NI À L'ANÉANTISSEMENT DE SON RÉGIME COMME VOULU EN 2013.

* LE CENTRE D'ÉTUDES ET DE RECHERCHES SCIENTIFIQUES A ÉTÉ CRÉÉ PAR LA FRANCE DANS LES ANNÉES 1970 DANS LA BANLIEUE NORD DE DAMAS AFIN DE PROMOUVOIR LA COOPÉRATION ENTRE LES DEUX PAYS.

Chapitre 20

2023-...

Une histoire sans fin

LES OCCIDENTAUX ONT MIS LEURS REVENDICATIONS EN SOURDINE, ÉCLIPSÉES AU MILIEU DES ANNÉES 2010 PAR LA LUTTE CONTRE LE GROUPE ÉTAT ISLAMIQUE, QUI S'EST SOLDÉE PAR UN SUCCÈS ET LA MORT DE SON LEADER.

MAIS LA SYRIE EST RUINÉE, SA MONNAIE CONTINUE DE S'EFFONDRER, PROVOQUANT DES MANIFESTATIONS INÉDITES DANS CERTAINES RÉGIONS ALORS QUE LE COÛT LIÉ AUX DESTRUCTIONS MASSIVES D'INFRASTRUCTURES CAUSÉES PAR LES TACTIQUES DE GUERRE UTILISÉES PAR L'ALLIANCE SYRO-RUSSE AVOISINE LES 1 300 MILLIARDS DE DOLLARS !

* SOURCE : OBSERVATOIRE SYRIEN DES DROITS DE L'HOMME (OSDH), QUI S'EST IMPOSÉ TRÈS TÔT COMME UNE SOURCE D'INFORMATION FAISANT AUTORITÉ POUR LES MÉDIAS OCCIDENTAUX.

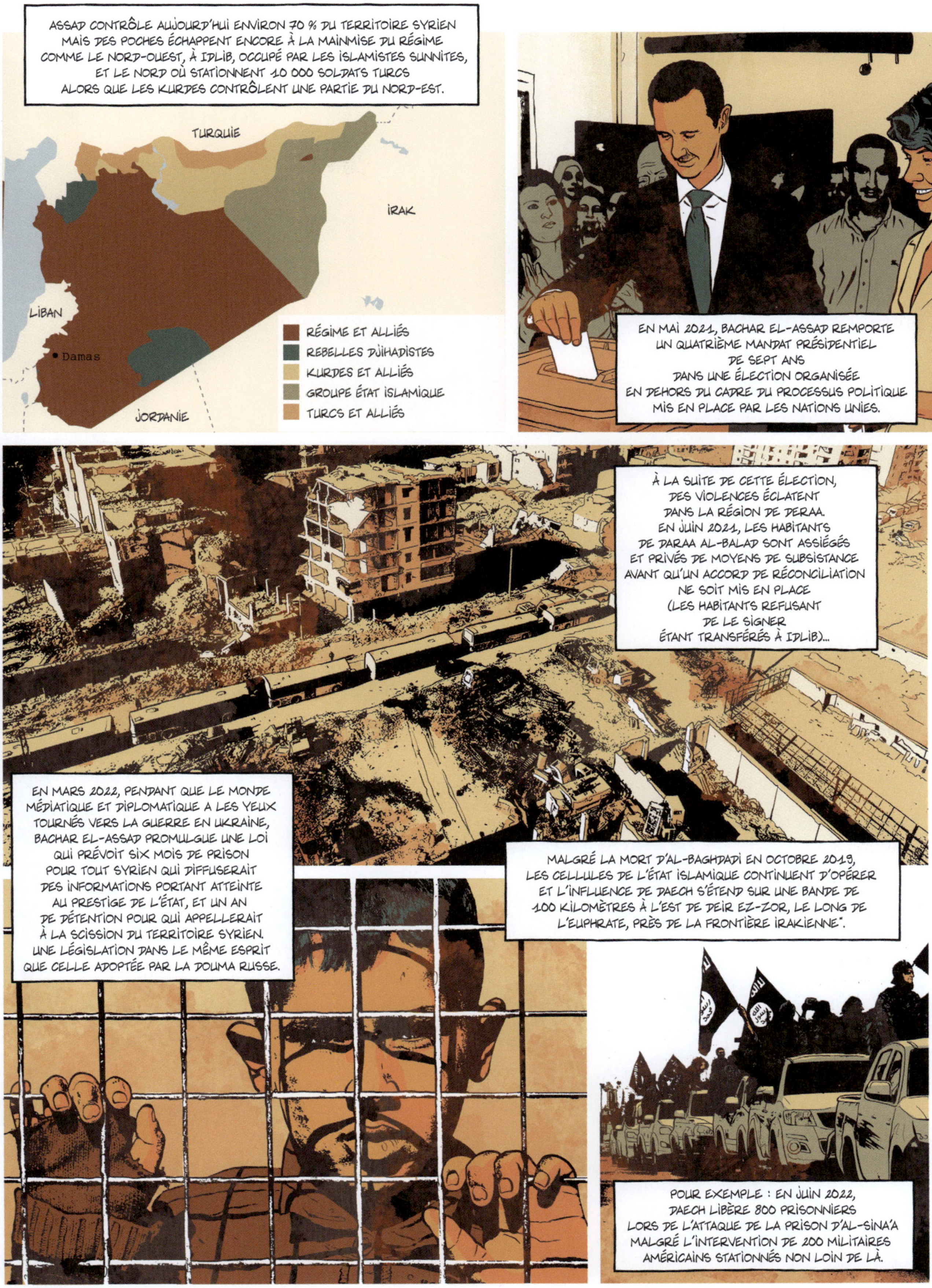

* 500 SOLDATS AMÉRICAINS OPÈRENT DANS LE NORD DE LA SYRIE POUR EMPÊCHER L'ÉTAT ISLAMIQUE D'ACCÉDER AUX CHAMPS DE PÉTROLE.

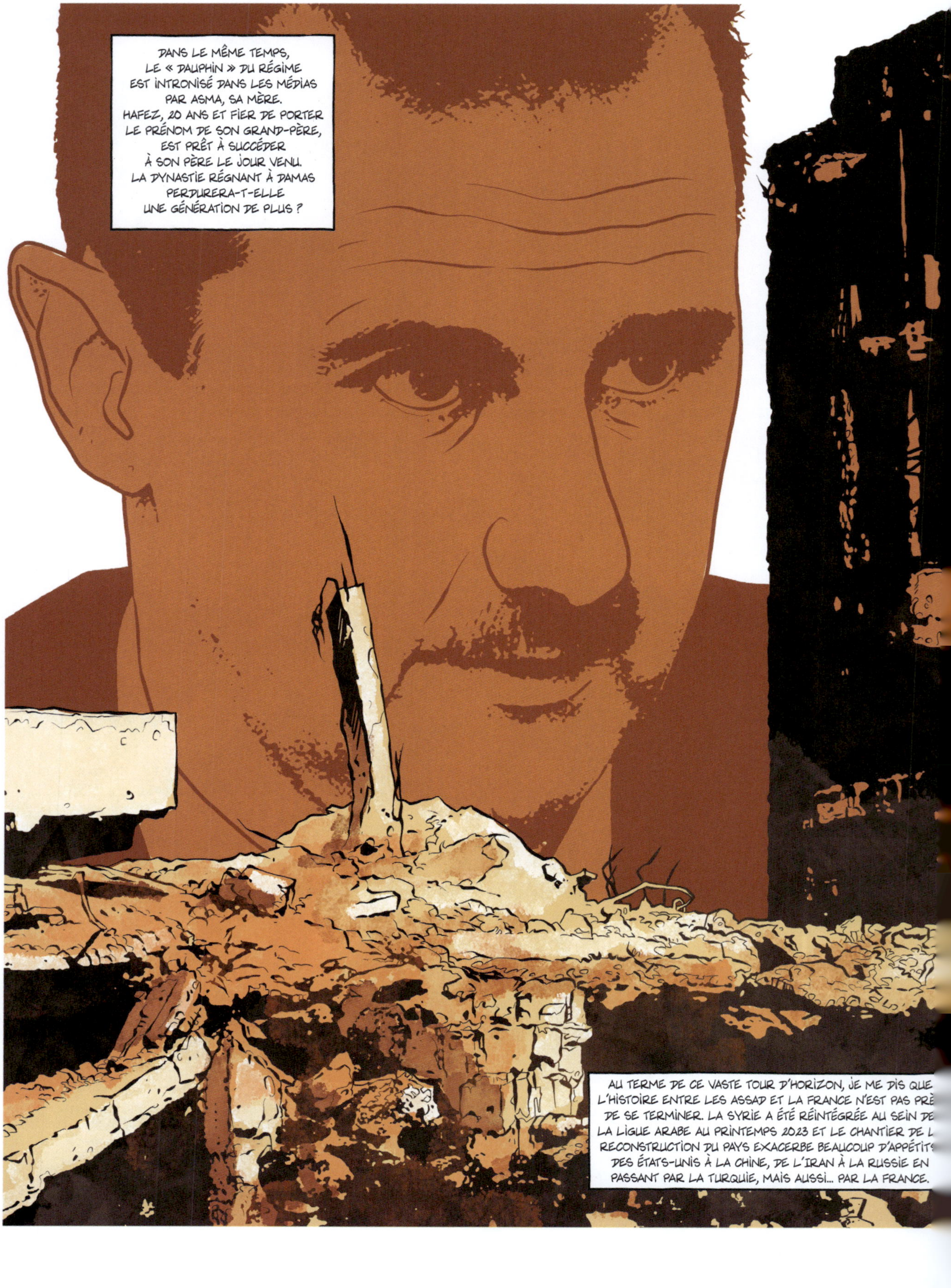
DANS LE MÊME TEMPS, LE « DAUPHIN » DU RÉGIME EST INTRONISÉ DANS LES MÉDIAS PAR ASMA, SA MÈRE. HAFEZ, 20 ANS ET FIER DE PORTER LE PRÉNOM DE SON GRAND-PÈRE, EST PRÊT À SUCCÉDER À SON PÈRE LE JOUR VENU. LA DYNASTIE RÉGNANT À DAMAS PERDURERA-T-ELLE UNE GÉNÉRATION DE PLUS ?
AU TERME DE CE VASTE TOUR D'HORIZON, JE ME DIS QUE L'HISTOIRE ENTRE LES ASSAD ET LA FRANCE N'EST PAS PRÈ DE SE TERMINER. LA SYRIE A ÉTÉ RÉINTÉGRÉE AU SEIN DE LA LIGUE ARABE AU PRINTEMPS 2023 ET LE CHANTIER DE L RECONSTRUCTION DU PAYS EXACERBE BEAUCOUP D'APPÉTITS DES ÉTATS-UNIS À LA CHINE, DE L'IRAN À LA RUSSIE EN PASSANT PAR LA TURQUIE, MAIS AUSSI… PAR LA FRANCE.

BIBLIOGRAPHIE

Pour les lectrices et lecteurs qui souhaitent approfondir leurs connaissances, voici une bibliographie conseillée par l'auteur :

Baczko Adam, Dorronsoro Gilles et Quesnay Arthur, *Syrie : anatomie d'une guerre civile*, CNRS éditions, 2016

Bajolet Bernard, *Mémoires d'Orient : le soleil ne se lève plus à l'est*, Perrin, 2020

Barral Pierre-Emmanuel et Hanne Olivier, *La Grande Syrie : des premiers empires aux révoltes arabes*, Éditions du Grenadier, 2016

Catroux Georges, *Dans la bataille de Méditerranée : Égypte, Levant, Afrique du Nord (1940-1944). Témoignages et commentaires*, Julliard, 1949

Chaix Maxime, *La Guerre de l'ombre en Syrie : CIA, pétrodollars et djihad*, Érick Bonnier, 2019

Chesnot Christian et Malbrunot Georges, *Les Chemins de Damas : le dossier noir de la relation franco-syrienne*, Robert Laffont, 2014

Chouet Alain et Guisnel Jean, *Au cœur des services spéciaux : la menace islamiste, fausses pistes et vrais dangers*, La Découverte, 2011

Coquio Catherine, Hubrecht Joël, Mansour Naïla et Mardam-Bey Farouk (dir.), *Syrie : le pays brûlé. Le livre noir des Assad (1970-2021)*, Seuil, 2022

Filiu Jean-Pierre, *Le Miroir de Damas : Syrie, notre histoire*, La Découverte, 2017

Guez olivier (dir), *Le Siècle des dictateurs*, Perin, 2019

Jalloul Fayçal et Raimbaud Michel (dir.), *Syrie, guerre globale : fin de partie ?*, Delga, 2023

Kessel Joseph, *En Syrie* [1926], Gallimard, 2014

Nouzille Vincent, *Les Tueurs de la République*, Fayard, 2015

Tannous Manon-Nour, *Chirac, Assad et les autres : les relations franco-syriennes depuis 1946*, PUF, 2017

Panon Xavier, *Dans les coulisses de la diplomatie française, de Sarkozy à Hollande*, L'Archipel, 2015

Pichon Frédéric, *Syrie, une guerre pour rien*, Les Éditions du Cerf, 2017

Poulleau Alice, *À Damas sous les bombes : journal d'une Française pendant la révolte syrienne (1924-1926)*, L'Harmattan, 2012

Seurat Michel, *Syrie, l'État de barbarie*, Seuil, 1989

Rey Matthieu, *Histoire de la Syrie XIXe-XXIe siècle*, Fayard, 2019

Tannous Manon-Nour, *La Syrie au-delà de la guerre : histoire, politique, société*, Le Cavalier Bleu, 2022

Du même scénariste, chez le même éditeur :
- *La Traque* (2 tomes) - dessin de Jef
- *Karolus Magnus* (2 tomes) - dessin d'Eon
- *Au nom de la République* (2 tomes) - dessin de Gabriel Guzman

Aux éditions Gallimard :
- *Tuez Skripal !*

Aux éditions Dargaud :
- *Insiders* (12 tomes et 2 intégrales) - dessin de Renaud Garreta et Munch
- *Mekong* (2 tomes) - dessin de Xavier Coyère
- *Insiders Genesis* (4 tomes) - dessin de Luc Brahy
- *Mission Osirak* (2 tomes) - dessin de Ramon Rosanas et Luc Brahy

Aux éditions Glénat :
- *Terranostra.org* (3 tomes) - dessin de Franck Bonnet
- *SAS* (5 tomes) - dessin de César et Andrea Mutti
- *Mortelle Riviera* (3 tomes) - dessin de Thomas Legrain
- *Diamants* (4 tomes) - dessin de Bernard Kölle
- *Le Terroriste* (3 tomes) - dessin de Pierpaolo Rovero
- *Le dernier des Schoenfeld* (2 tomes) - coscénario d'Agnès Barrat, dessin de Hervan
- *Antarctica* (3 tomes) - dessin de Bernard Kölle
- *Lady Di and Me* (2 tomes) - dessin de Yishan Li
- *Le Choix du Roi* (2 tomes) - dessin d'Aurélien Morinière
- *Les Aventuriers du Transvaal* (3 tomes) - dessin de Bernard Kölle

Aux éditions 12 Bis :
- *9/11* (6 tomes) - coscénario de Corbeyran, dessin de Jef
- *Mafias & Co* (1 tome) - collectif

Aux éditions Casterman :
- *L'Agence* (6 tomes) - dessin de Thomas Legrain et Frisco

Aux éditions Jungle :
- *Mossad Opérations Spéciales* (2 tomes) - dessin de Pierpaolo Rovero
- *Gangs* (2 tomes) - dessin de Kerac, Andronik et Mavric

Aux éditions Bamboo :
- *Une tragédie grecque* (2 tomes) - dessin de Viviane Nicaise

Aux éditions Petit à Petit :
- *Bayonne, du castrum à Vauban* - collectif
- *Libourne, de Condate à nos jours* - collectif

Du même dessinateur, chez le même éditeur :
- *Jusqu'à Raqqa* - scénario d'André Hebert

Aux éditions Ant-éditions :
- *Une Histoire mortelle* - scénario d'Anton

Aux Éditions Les Arènes BD :
- *La Cellule, enquête sur les attentats du 13 novembre 2015* - scénario de Soren Seelow et Kevin Jackson
- *Morts par la France* - scénario de Pat Perna
- *La Tuerie* - scénario de Laurent Galandon

Aux Éditions EP Éditions :
- *Amerikkka* (9 volumes) - scénario de Roger Martin
- *Bonecreek* (2 volumes) - scénario de Bat

Aux Éditions Glénat :
- *24 heures dans la vie d'une femme*
- *Confession d'un enragé*
- *Le Roman de Boddah, comment j'ai tué Kurt Cobain*
- *Le Sixième Soleil* (3 volumes) - scénario de Laurent Moënard
- *Uchronie(s) New Moscow* (3 volumes) - scenario d'Éric Corbeyran

Aux Éditions Jungle :
- *Le Réseau Papillon* (8 volumes) - scénario de Franck Dumanche

À Jean et Guy pour leur soutien, à Nicolas et Vérane pour leur talent, et à Sylvie, mon épouse.
Jean-Claude Bartoll

À vous, qui étiez et qui êtes là.
Nicolas Otero

Éditeur : Jean Wacquet

Dépôt légal : septembre 2024 - ISBN : 978-2-413-04166-5
Première édition

Conception graphique : Studio Delcourt/Soleil

Achevé d'imprimer en août 2024
sur les presses de l'imprimerie PPO à Palaiseau, France.

www.editions-delcourt.fr